Critical Words for
Popular Music

ポピュラー音楽［クリティカル・ワード］

〈聴く〉を広げる・更新する

永冨真梨・忠聡太・日高良祐 編

フィルムアート社

［凡例］

・各項目の冒頭には、その項目内の重要なキーワード（事項・人名）を列記した。本文中では冒頭キーワードに加え、それ以外の重要語句も太字で表記した。

・各項目内の記述で他の項目と内容がとくに関連する場合には、［ ］内に部・章・項目名を記した。例：［↓1－1ポピュラー］

・本文中の参照文献は（ ）内に著者名と出版年を記した。訳書の場合は日本語訳の出版年に加え［ ］内に原著出版年を記した。例：（ニーガス 二〇〇四［一九九六］）

・外国語文献は、（ ）内にアルファベット表記で著者名と出版年を記した。例：（Middleton 1990）

・書誌情報は各項目末尾の「参考文献」に記載し、本文中の表記と同様の方針で刊行年を記した。

・書籍・新聞・雑誌名、映画、映像作品、アルバム名は『 』、論文タイトルは「 」、曲名は《 》で示した。

・各項目内で引用されている未邦訳文献の訳は、各項目の執筆者による。また、訳注は〔 〕で示した。

はじめに

Spotifyが自動生成した私仕様のプレイリストをスマートフォンと同期したBluetoothイヤホンで聴く。SNSで話題になっていたヒットMVを自宅のパソコンで検索し、YouTubeのレコメンデーションをたどる。ラジオは朝からパワープレイを繰り返し、テレビは人気グループを番組に呼んで新曲をPRし、アナログ・レコードやカセットテープはエイティーズの楽曲とともにリバイバルしている。ライヴハウスやクラブで生演奏やDJを聴きながらお酒を飲んだり、夏フェスに参戦してライヴを背景にキャンプ飯を楽しんだり、コロナ禍を経た現在ではそれらの配信を自宅で楽しむこともできる。そうやって能動的に聴こうとしなくても、YouTubeに挟まる広告動画で、定食屋のテレビから流れるCMで、ショッピングモールの店舗BGMで、繁華街をゆっくり流すアドトラックで、交差点で歌うストリート・ミュージシャンの横で、日常生活のあらゆるところで私たちは「ポピュラー音楽」を耳にする。

本書のタイトルともなっているこうした「ポピュラー音楽」は、特定のジャンルを指したり、確固とした様式が定義されたりしているわけではなく、それ自体が緩やかな広がりをもった多様な音楽性の集合体となっている。つまり、ポピュラー音楽と名指される文化実践は、必然的に多様な出自をもってしまい体系化されづらい。本書は、そんな幅広い様式をもったポピュラー音楽を考えるために、学際的にさまざまな角度から説明しようとする論考の集合体として編まれた、ポピュラー音楽とその研究に関わるキーワード集である。

　音楽批評や音楽ジャーナリズムも含めれば、ポピュラー音楽を取りあげたキーワード集やディスクガイドは毎年のように世に出ている。だが、本書は学術的な知見をキーワード選定のための足掛かりとし、いわゆる「音楽好き」の言説に既存の研究の視点を接合しようと試みている。ポピュラー音楽研究と呼ばれる学術領域には一定の歴史と成果の蓄積があるが、じつは日本語で読める包括的なテキストが二〇一〇年代以降はなかなか見当たらない。まずはその点を踏まえ、二一世紀のポピュラー音楽研究の動向を概観できるようなテキストをつくろうと考えた。その際、体系化したテキストをつくるには障壁となってしまうポピュラー音楽研究ならではの学際性・多様性をむしろポジティヴに引き受けながら、とはいえ論点を網羅的に並べようとするのではなく、われわれ編者の議論を踏まえた軸を明確に設定し、読者それぞれによる今後の「ディグ」に役立つようなキーワードの幅を提示することで本書はできあがっている。

　フィルムアート社の沼倉康介さんからの声がけで本書のプロジェクトが動き始めたのは、二〇二一年の初夏のことであった。すでに新型コロナウイルス感染症の流行により生活や研究の環境が激変して以降のことであり、月に数回の打ち合わせはすべてオンラインで行った。だが、コロナ禍のなかでライヴ配信やストリーミング・プラットフォームの定着が新しいポピュラー音楽の文化を生み出してきたように、編集作業のオンライン化にもポジティヴな側面を見出すことは十分に可能である。たとえば、東京在住の私に加え、京都在住の永冨真梨さん、福岡在住の忠聡太さんに編者として参加してもらえたことは、ポピュラー音楽を聴いたり考えたりするにあたって無視することのできない地域性や立場性の複数・複雑さ、さらにはネットワークによって多層化したデジタルな現実に、編者たちの目を向けさせることにつながった。

打ち合わせのなかでは、永冨さん、忠さんからのそれぞれの専門領域に関するレクチャーも含め、お互いに知見を共有しあった。また編集会議はつねにポップな雑談にまみれていたが、読んだ本や聴いた音楽のレコメンド、演奏や楽器／機材に関する情報共有、それぞれの音楽・音響的な趣味の話を通して学んだ視点の複数性は、本書の構造に大きく反映している。

一方で、編者の三人で共有している知識や立場もあれば、共有していない関心や方向性もあることが、編集作業を進めるなかで明らかになった。このことは三人の共著である本書第1部「ポピュラー」の項目に強く表れている。それぞれが学んできたポピュラー音楽研究の学際性を反映してか、ポピュラー音楽をまなざす観点は三人のなかでも多様で、まとめる作業には苦労した。しかし、「ポピュラー」や「ポピュラー音楽」といった現実で使用される概念の広がりを実直に記述するためには、学際的・領域横断的な複数の立場を引き受けることが不可欠なのだ。こうした編集作業自体が、編者の私たちにとっては、ポピュラー音楽をめぐる複雑な状況とそれを対象としてきた幅の広い研究領域についてあらためて学ぶ機会となり、さらにはポピュラー音楽研究の新たな地平を展望し、提示する体験となった。その意味で、「ポピュラー」の項目と本書全体の構造には共通して、編者三人の思考の痕跡が表出している。

こうしてつくられた本書を、読者は杓子定規に頭から読み進める必要はない。目次から気になるキーワードをひろって雑多に読むもよし、本文中に示された他項へのリンクをたどって行き来しながら読むこともできる。そういう意味でも、本書はけっして大学生や大学院生、または研究者など、ポピュラー音楽の「研究」に関心のある人びとに読み手を限定するつもりはない。ポピュラー音楽のテキストをつくろうとするプロジェクトではあるが、これは教科書ではなくキーワード集であり、気になる部分を拾い読みするだけでも意味がある。そして日常的な音楽談義のスパイスとして利用することも可能なようにキーワードを選定してある。タイトルが「ポピュラー音楽研究」ではなく「ポピュラー音楽」なのは、編者たちのそうした意向を反映している。

とはいえ、第1部の概念的で大きな項目の解説から入り、次第に個別具体的なポピュラー音楽の姿が描かれていく第2部・第3部に向かうのもよいだろう。通読することで全体の構造が有機的に連関しあうようにも配慮して各項目を配置してあるからだ。

第1部「基礎編」は、ポピュラー音楽研究のみならず社会や文化に焦点を当てた今日の研究が前提とする大文字の諸概念について解説する。ポピュラー音楽をただ楽しむという点からすると無関係に見えるこれらの政治的なキーワードは、実際のところポピュラー音楽のつくられ方や聴かれ方を規定し構築してきた条件であると同時に、ポピュラー音楽に関わる人びとの立場性の複雑さに目を向けるための鍵でもあることがわかるだろう。

第2部「事例編」は、ポピュラー音楽に関連するこれまでの研究の蓄積のなかで議論されてきたトピックや事例を並べてある。作品／商品としてのポピュラー音楽や、それを人びとに媒介してきたさまざまなメディアの働き、そしてポピュラー音楽を演奏し聴取する私たち自身の作用について、これまでどのように議論されてきたのか。これからの分野横断的な研究領域の開拓可能性にも目を向けながら、ポピュラー音楽をめぐる既存の研究の蓄積について学ぶことができる。

第3部「拡張編」は、ここまでも強調してきたポピュラー音楽／研究の領域横断性・学際性をより具体的に提示するべく、従来のポピュラー音楽研究の枠にとどまらない対象を取り上げた論考を並べてある。今日のポピュラー音楽を取り巻く論点は、従来的な研究の射程範囲を超え出て、現実のいたるところに出現していることがわかるだろう。とりわけ第3部は、編集作業が行われた二〇二〇年代前半の雰囲気を反映するよう、今日的なトピックを配置するよう心がけた。

このように本書は多くの執筆者に参加していただいて構成されている。先述した通り、ポピュラー音楽研究はこれまで日本でも多くの研究者によって進められ、多くのテキストが書かれてきた歴史がすでにある。その蓄積を踏まえたうえで、なるべく若手の執筆者に参加をお願いし、彼ら・彼女らそれぞれの今後の研究・執筆活動にも目を向けながら長く読むことのできるテキストにしようと試みた。執筆者の皆さまにはこの場を借りてお礼申し上げる。また、フィルムアート社の沼倉康介さんにも大きな感謝を捧げたい。すべての打ち合わせにつきあいながら、ポピュラー音楽（とそれ以外の趣味）にかかわる知見と情熱を補充し続けてくれたことが、本書の完成には不可欠だった。

キーワード集をつくる作業は、音楽イベントを企画する作業に少し似ている。項目、執筆者、部ごとのフローを意識しながら、配置や順番、名称を考える。ただし、オーディエンスがどのタイミングでフロアに立ち寄ろうとするかは企画者にはコントロールすることができない。したがって、どのような読み方であっても楽しみ、学べるよう準備しておく必要がある。私自身、小さな音楽イベントを企画した経験が何度かあるが、そこで会得したバランス感覚が多少は役立ったかもしれない。イベンターとしては、本書には自信のあるラインナップを揃えられたという自負がある。夏フェスのタイムテーブルを楽しむように目次に目を通し、知らなかったバンドを聴くようにはじめてのキーワードに触れ、イベントそれ自体の采配を楽しむように本書全体の構造を読み解いてほしい。

日高良祐

編者を代表して
二〇二三年二月

クリティカル・ワード　ポピュラー音楽　［目次］

目次

第2部 事例編——論点としてのポピュラー音楽 109

第3部 拡張編

――異分野との交差と新展開 191

基礎編

第1部

ポピュラー音楽を支える概念

ポピュラー音楽は、
録音・再生をめぐるメディア技術に依拠した
資本主義的な商品としての歴史をもつと同時に、
今まさにそれを演奏し聴取する人びとの立場性や
イデオロギーを反映した表現・表象でもある。
ポピュラー音楽を楽しむということは、
もし無自覚的であったにせよ、
そうした大文字の歴史を引き受けて
再生産することでもあるのだ。
技術それ自体や演奏者・聴衆のもつ文化的社会的な背景に
焦点をあてた思考の蓄積を知ることで、
ただ美しく鳴り響くだけではない、
ポピュラー音楽の政治性に目を向けることができるだろう。
第1部・基礎編では、ポピュラー音楽の基底を
支える概念として8つを取りあげ、
それぞれのキーワードからポピュラー音楽を概観する。

第1部—1 Popular

ポピュラー

キーワード KEYWORD
ポピュラー音楽、ポップ（pop）、人気、音楽学、民族音楽学、民衆、大衆、カルチュラル・スタディーズ、ジェンダー、文化産業、メディア研究、プラットフォーム、レコメンド、ヒットチャート

「音楽」ではなく「ポピュラー音楽」？

本書のページをめくっている読者の多くは、「音楽は好きですか？」と問われて答えに困ることはないだろう。しかし、「**ポピュラー音楽**は好きですか？」と問われたら、なんとなく首を縦にふりにくいような気がするはずだ。というのも、本書が扱う「ポピュラー音楽（popular music）」は、日本語圏ではあまり日常的に使われていない概念で、たとえば『NHK紅白歌合戦』や『ミュージックステーション』のような「音楽番組」をわざわざ「ポピュラー音楽番組」と区別したりはしない。ポピュラーから派生した語である「**ポップ（pop）**」が、「J－POP」「K－POP」といったジャンル区分としてごく自然に用いられているのと比べると、「ポピュラー」という語のもつ違和感はより際立つだろう。

こうした「ポピュラー音楽」概念の皮肉な**人気**のなさ（unpopular）とは裏腹に、学問の世界では特定

の音楽を扱う際に、それを「ポピュラー音楽研究」として位置づけることが一般的である。先に挙げた「音楽番組」の例とは異なり、「ポピュラー」の冠なしで「**音楽学**」や「音楽研究」と表記する場合、そのおもな対象は西洋の芸術音楽、いわゆる「クラシック」に限定される。また、各地域で伝承される芸能などは「**民族音楽学**」の研究対象となる。「ポピュラー音楽研究」の枠組みには、このどちらに含んでも違和感が生じるような音楽が大雑把に放り込まれてきた（Middleton 1990, 3–7）。

たとえばJ－POPやK－POPを典型として、ヒップホップ、R&B、テクノ、ロック、ジャズ、カントリーなどの諸ジャンルから、日本の事例で言えばジャニーズ系やヴィジュアル系、アニソンやゲーム音楽やボーカロイドも、「ポピュラー音楽研究」の対象である。さらに、「ポピュラー」という形容詞の一般的な語義である「人気の」といったニュアンスからは連想しにくいような、十数人の観客が集まれば御の字といった実験的な即興演奏のイベントや、道ゆく人が誰も立ち止まらないストリート・ミュージシャンの弾き語り、ネットに匿名でアップされる再生回数が一桁の自作曲でさえも、ポピュラー音楽研究の対象となりうる。

もっとも、各ジャンルごとの学術研究も豊富に蓄積されている近年では、「ジャズ研究」や「アイドル研究」といった枠組みの設定も有効である。それにもかかわらず、自分たちが日常的に接している「音楽」に、あえて耳なじみのない「ポピュラー」という語を冠して研究することに、どんな積極的な意義を見出せるのだろうか。

まずは、ポピュラー音楽研究の学説史を、「ポピュラー」という言葉が示す人びとの主体性の問い直しと拡張の軌跡として駆け足でたどってみよう。そのうえで、デジタル化以降の音楽メディアにおける人気や流行の感覚と、それを生むメカニズムを手がかりに、「ポピュラー」概念の可能性を検討したい。

「ポピュラー」は誰を示すのか

レイモンド・ウィリアムズの『キーワード辞典』によれば、popularという語は「人びと」を意味するラテン語のpopularisに由来する（ウィリアムズ 二〇一一［一九七六］、四〇七）。その用法は多義的に派生し、多くの「人びと」を量的に想起させるにとどまらず、広がった文化を万人受けする低俗で陳腐なものとして消極的に論じる際にも、一般庶民の切実さを反映するものとして積極的に評価する際にも用いられる。

ポピュラー音楽研究においても、そのニュアンスはこの両極のあいだで揺れ続けてきた。その嚆矢としてもっとも頻繁に言及されるテオドール・W・アドルノは、消極的な立場からポピュラー音楽批判を展開している。アドルノの画期性は、第一に大衆的に愛好される音楽を学術的な議論の対象としたことにある。彼がポピュラー音楽批判を展開した二〇世紀前半においても、音楽学の研究対象は西洋の高級な芸術音楽だった。さらに、当時の音楽学は、作品そのものに絶対的な価値や意味を見出そうとする「音楽の自律性」を大前提としていた（渡辺 一九九三）一方で、アドルノは音楽を生産・受容する過程や文脈にも議論の射程を広げたのだ。

ユダヤ系ドイツ人を父に持つアドルノは、ナチスの台頭から逃れるために第二次世界大戦勃発前の一九三八年にアメリカ合衆国に亡命している。当時のアメリカでは、レコードやラジオを通じてジャズが多くの大衆に愛好されていた。アドルノはジャズが「人間の性質を均質化していく資本主義の装置」(毛利二〇一二、三二)であると批判し、当時はまだ高級な芸術とはみなされていなかったジャズに社会との密接な関わりを見出したのである。

戦後を迎えると、文化を介した「人びと」のつながりがさらに再編される。音楽文化に関してはレコードの音質向上と生産量の急増、ラジオやテレビの技術革新、航空機を組み込んだ交通網の発達によって大規模化したコンサート・ツアーなどが、従来よりも広い範囲を巻き込む流行現象を生み出していった。こうした状況下において、新しい技術によって媒介される以前の「**民衆**」的な共同体は、それ以前からも用いられていた「folk」という語で呼ぶことが一般化し、「popular」はメディアを介してより大きく広がる無数の「**大衆**」を想像する際に用いられるようになる。口語的な表現としても、二〇世紀後半にさしかかったころから「popular song」や「popular art」といった表記を縮めるかたちで「pop」が広まり、この用法は現在まで引き継がれている(ウィリアムズ二〇一一[一九七六]、二二三、四一〇)。

さらに、アドルノの憂慮とは裏腹に、二〇世紀後半の世界では体制側に都合のよい装置としてではなく、反権力・反差別の思想や音楽文化との結びつきも生まれていく。とくにアメリカでは、一九五〇年代以降の公民権運動、女性解放運動、ベトナム戦争反対運動などの抵抗的な文化実践が、それぞれの思想や理想を代弁する楽曲とともに花開いた。こうした時代において、「ポピュラー」という語は、大量生産された商品を消費する無知な「大衆」を知識人が外部から対象として枠づけるためだけではなく、文化を通じた自分たちの結びつきを「私たち」のものとして積極的かつ主体的にとらえる際にも用いられるようになった。

こうした変化は、最初期のカルチュラル・スタディーズの思想潮流にも顕著である。一九六〇年代半ばにイギリスでバーミンガム現代文化研究センター（The Center for Contemporary Cultural Studies, University of Birmingham、CCCS）を設立したスチュアート・ホールやリチャード・ホガードらは、聴取者にとって音楽がいかなる意味を持つかに主眼を置き、アドルノが資本主義への服従とみなしたポピュラー音楽の消費を、むしろ主体的な抵抗の契機としてとらえ直したのである。

主体性・立場性の枠組みを超えるポピュラー音楽のとらえ方

一九八一年には学術雑誌『Popular Music』（ケンブリッジ大学出版）の創刊と前後して国際ポピュラー音楽学会が設立され、欧米の学術界において狭義での「ポピュラー音楽研究」が制度的に確立する。当時は学術界全体で、ポスト構造主義、ポストコロニアル批評、フェミニスト批評、ジェンダー論が発展し、音楽学、民族音楽学、社会学などの既存の区分けを超えた学際的な研究が活発化した。

なかでも、ジェンダー論の視座から、音楽に関わる従来の正典や歴史の批判、相対化が進んだことは重要である。音楽学をフェミニズム的な視座から再考したスーザン・マクレアリの『フェミニン・エンディング』(一九九七[一九九一])や、黒人女性を可視化するアンジェラ・デイヴィスの研究は、「ポピュラー」な文化研究全般が取りあげていた議論の主体が実際には白人男性を中心に構成されていたことを明らかにした。さらに、特定の文化・社会・時代における個人の立場性(ポジショナリティ)を把握し、多様で複雑な文化と社会の様相をとらえることの重要性も示した。

しかしながら、以上のようなジェンダーの視点を組み込んだポピュラー音楽研究は、日本で欧米と同様に発展したわけではない。少なくとも日本の学術界が、日本人男性を中心に発展してきたことがその理由のひとつであろう。それは、日本人や男性に生来備わると想像されることの多い「暴力性」が原因であるということではない。彼らは、男性を女性よりも優位とし、日本人を日本における人種ヒエラルキーの筆頭とする、日本社会と文化のジェンダーや人種の規範によって、特権的な「日本人男性」として構築されてきた。そのために、彼らは、欧米でも従来疑問視されなかった、男性を全人類的な「人間」ととらえる視座を自明とし、欧米の白人研究者と自らを同一視するばかりか、「名誉白人」としての自らの立場を問いただす必要のないものととらえてきた。もしくは、そうした反省は男らしさの規範と関わるために、意図的に問いただしてこなかった[↓1-4 コロニアリズム/ポストコロニアリズム]。

たとえば、一九九七年に音楽学者の井上貴子は、このような日本人男性中心の学術界の風潮への所感を吐露している。井上は、マクレアリをきっかけに興隆したジェンダーの視座を取り入れたポピュラー音楽研究の可能性を紹介する論考で、「フェミニズムは輸入思想で日本の風土には適合しないという拒否感が蔓延」(井上 一九九七、三二)していると述べた。井上は具体的事例については言及していない。

しかし、井上の語りは、音楽学やポピュラー音楽研究の理論や視座は欧米を中心に発展しているにもかかわらず、フェミニズムに関しては「輸入思想」であるとされ、女性の体験が全人類に共通するものには値しないとする当時の日本の学術界の様相を伝える。それから一〇年以上経過した二〇一三年にも、音楽学者の福中冬子が、ジェンダーや人種・セクシュアリティの視座を取り入れたポピュラー音楽研究は、研究者自身のイデオロギーや立場性を強く反映するものとして、欧米ほど発展しているとは言い難いと述べている（福中二〇一三）。実際、日本のポピュラー音楽に関わる研究を行う研究者のジェンダー比率は、男性が圧倒的に多い。それは、研究のテーマにも反映されているかもしれない。個人の立場性を重要視し刺激するようなジェンダーの視座を取り入れたポピュラー音楽の楽曲や現象、研究は、近年日本でも発展しているものの、たとえば、日本ポピュラー音楽学会では、ジェンダーにまつわるワークショップは、一九九七年以降組まれていない［↓1-6ジェンダー／セクシュアリティ］。

ジェンダーの視座も含めて、個人の社会・文化的立場によって個人の体験が異なることを重要視した研究が日本で少数である背景には、個人の愛着や自意識と、個人の社会・文化的立場とその歴史的体験の相違を同一視しがちな、現代日本の多文化社会への単純化された理解も読みとれる。ポピュラー音楽の研究は、そうした個人的経験や愛着を肯定するためのものではなく、「ポピュラー」で示される「私たち」の社会における立場性、社会・文化の構築に相互に影響を与える経済や産業構造などを、さまざまな視点から複合的に考察することにつながる。

このように、「ポピュラー」概念は、音楽にふれる有象無象の「人びと」を曖昧ながらも枠づけ、ときにはそこに自分自身も含めた「私たち」の結びつきをも想起させる。ただし、その際に多くの研究はマジョリティをデフォルトとして暗黙のうちに設定しがちである。性差も含むさまざまな属性がバイアスとして作用していることに留意し、自分が想像しがたい外部の広がりも意識すべきだろう。

「私たち」の再考を通じて

さらに、音楽を介した他者との結びつきは、時代や地域によっても異なる意味や主体性をまとう。音楽に関する実践はきわめて日常的であり、さまざまな行為を自明視しがちである。しかし、録音技術ひとつとっても一九世紀末の欧米で発明されたもので、それが他のエリアへと広がって「ポピュラー」な技術として受け入れられるまでのあいだには、時代や地域ごとの紆余曲折がある。たとえば、二〇二三年現在の日本における音楽との接し方や、その先に想起される「人びと」や「私たち」の姿も、特定の条件の上に成り立っている［↓1−2テクノロジー］。

とりわけデジタル化が進む今日的なメディア環境においては、「私たち」を構成する要素である「個人」という枠組み自体も変容している。たとえば、ストリーミング・サービスを利用して音楽を聴く人たちは、それぞれの好みに準じた主体的な選択をしているようにも思えるが、同時に企業はその聴取実践を解析可能なデータとして分解・収集し、広告などの営利活動に利用する。つまり、デジタルな聴取は単なる私的な楽しみであると同時に、集団的な労働力・商品としても動員されているのだ（水嶋二〇二一)。こうした状況においては、特定の音楽に対する愛着のあり方や、個人の社会・文化的な立場性と経済・産業的構造の関係性も、再考する必要があるだろう［↓1-2テクノロジー、1-8デジタル］。

その傾向は、一般に「**プラットフォーム**」と呼ばれるデジタル・データの流通サービス上で行われる、さまざまな音楽実践のなかで顕著かつ複雑にあらわれる。SpotifyやApple Musicが生成・提供するプレイリストで人気の音楽をチェックしたり、TikTokを指でスワイプし続けながらレコメンドされるままに数十秒のバズを音楽聴取というよりは動画視聴として追いかけたり、「推し」のアイドルを支援するためにYouTubeの再生回数を稼ぎつつ通販サイトで同じ限定版CDを複数枚購入したり、Fortniteにゲームプレイ目的ではなくヴァーチャル・ライヴに参加するためにログインしたりする過程を経て、個々のユーザーは「私たち」を組織しているのだ。

マスメディアや**文化産業**の作用に着目したアドルノの議論を源流のひとつとするポピュラー音楽研究は、これまでも**メディア研究**との接点が多かった。昨今のポピュラー音楽研究も、デジタル・メディアを対象とする新たな研究潮流とも接続しながら、今日的な音楽の循環様式を考察してきた。デジタルな「プラットフォーム」を通じて音楽を聴取する「私たち」を前提とするのであれば、そこでの「ポピュラー」概念はどのような感覚を生むのだろうか。

音楽聴取のプラットフォーム化

スマートフォンやパソコンなどのデジタル装置《デバイス》とインターネットの組み合わせが提供するストリーミング・サービスは、コンテンツやコミュニケーションの「土台」という含意から「プラットフォーム」と呼ばれる（増田 二〇二一、Steinberg 2019）。音盤の製造と流通によって音楽を「ポピュラー」にしてきたレコード産業は、このプラットフォーム化によって大きな産業的変質を遂げた。ＩＦＰＩ（国際レコード産業連盟）の年次レポートによれば、二〇一五年にはデジタル・データでの売上がレコードやＣＤなどフィジカル・メディアでの売上を初めて上回った。以後、市場におけるストリーミング・サービスの優位性は確固たるものとなりつつある。二〇二二年のＩＦＰＩ年次レポートでは、もはや音楽産業の全収益のうち六五％がSpotifyやApple Musicなどストリーミング・サービスによるものであり、これに対してＣＤやレコードなどのフィジカル・メディアでの売上は一九％を数えるにすぎない（IFPI 2022）。プラットフォーム形式のコンテンツ流通の覇権は、私たちの日常的な音楽聴取の機会にも直接的に介入している。毎日のように（指で）触れるSpotifyやApple Musicなどの音楽ストリーミング・サービスを筆頭に、動画の制作と視聴が主目的ではあるものの音楽聴取のメディアとしても親しまれているTikTokやYouTube、ジャンルを問わずインディー・シーンを追いかける人びとには欠かせないミュージシャン投稿型のBandcampやSoundCloudなど、音楽聴取にかかわる経済・産業的構造がこれほどプラットフォーム化しているのであれば、それに応じてポピュラー音楽を聴く個人のあり方にも変質が見られるはずである。

プラットフォーム化によるヒットの変質

文化産業におけるプラットフォーム化の傾向は、「所有からアクセスへ」という変質としてとらえられ、その特徴はこれまでも議論されてきた。なかでもアルゴリズムの働きとプレイリストの位置づけは、音楽を聴く個人と「ポピュラー」観の今日的な関係を考えるにあたって興味深い。

ユーザーが特定のプラットフォーム上で好みの楽曲を聴くと、そのデータが蓄積され、アルゴリズムによる解析結果をもとにユーザーの好みそうな楽曲が**レコメンド**される。かつて雑誌の批評やテレビやラジオの選曲が担ってきたような、体系化された「おすすめ」のロジックとは異なった経路で、今日的な音楽との出会いは演出されているのだ。

さらに、アルゴリズムが判定したレコメンド曲はプレイリストというかたちにまとめられる。これは、ユーザー自らが作成した個人的なプレイリストや、新譜を中心に生成される**ヒットチャート**と、インターフェイス上では区別なく表示される。プレイリスト中心の聴取では、選ばれた楽曲を提案される順序に沿って再生することが一般的であり、選曲するユーザー側の主体性は希薄化している。

プラットフォーム化による聴取指針の変化は、ＳＮＳとの相乗効果によって、人気の尺度を表わすヒットチャートの構造にも及んでいる。アメリカの市場を中心に据えながら世界の「ポピュラー音楽」を長年にわたり序列化してきたビルボードのチャートは、二〇一〇年代に入ってから音盤や配信の売上だけでなく、ＳＮＳでの言及回数や各種ストリーミングでの再生回数をスコアに組み込んだ（大和田二〇二一)。ほかにも、Spotifyが公開するバイラル・チャートはアプリ上での再生回数とSNSへのシェア回数を総合して突発的なオンライン上でのバズを一括して観測しており、レコード産業はこれをマーケティングにも活用している。音楽聴取のプラットフォーム化は、音楽の流行を可視化し、聴取の「指針」としても機能してきたヒットチャートそのものの構造を直接的につくり替えているのだ。

プラットフォーム化が要請する「ポピュラー」のとらえ直し

こうした人気の序列を示す尺度の変質は、アルゴリズムとプレイリストが先導する音楽聴取のプラットフォーム化を通して、私たちの「ポピュラー」概念自体が変質しつつあることを示してもいる。たとえば、二〇一〇年代に生じた国際的なシティポップ・リバイバルはその好例だろう。世界的な範囲で作用したYouTubeのレコメンデーションによって再生回数を伸ばした竹内まりやの〈プラスティック・ラブ〉や、TikTokでバイラル化した松原みきの〈真夜中のドア〜Stay With Me〉を筆頭に、七〇〜八〇年代の日本国内で流行した音楽が、二〇一〇年代後半になって英語圏の音楽ストリーミング・チャートに突如として出現した。日本でのシティポップ・リバイバルは、こうした状況を逆輸入するかたちでつくられた側面もある(柴崎 二〇二二)[↓2-1ジャンル、3-6シティ]。

ここで重要なのは当時を知る年齢層のリスナーによる「古さ《オールディーズ》」への個人的な愛着がシティポップ・リバイバルを引き起こしたのではなく、アルゴリズムに準拠したレコメンデーションと、時代も地域も異なる楽曲を並列化して聴かせるプレイリストの機能が、楽曲の発表された新旧と関係なく二一世紀的な流行現象を生み出したことだ。つまり、CDやレコードなどのパッケージ・メディアの売上を中心とした旧来のヒットチャートが「ポピュラー≒人気であること」の条件として前提としていた「新しさ」の意義を、プラットフォーム化の作用が相対化しつつあるといえる。

こうした事例は、デジタル化した「ポピュラー音楽」の今日的な経験を通して、「ポピュラー」概念の変質とそのとらえ直しを要請する。プラットフォームは、文化産業による資本主義的な社会・文化の制御＝管理の結果として、音楽を聴く個人のあり方と、個々人のつながり方を変えている。個人の愛着の延長線上で素朴にとらえられがちな「ポピュラー」観は、アルゴリズムが制御するレコメンドによる構築物でもあるのだ。

出発点としての「ポピュラー音楽」

もっとも、こうした「人びと」や「私たち」感覚の変容は、近年になってはじめて生じたものではない。たとえば、アドルノは戦前のアメリカでジャズとともに流行した「ジターバグ」と呼ばれるダンス文化も槍玉にあげている。アドルノによれば、ジターバグたちは音楽そのものではなく、他者を模して身体を動かすこと自体に快楽を見出す。文字通り昆虫の群れを思わせる一様な踊りのなかで、ジターバグたちは個性を手放し、空虚な恍惚と一心不乱にたわむれる（Adorno 2020, 58）。今日であれば、日々めまぐるしくうつり変わるミームを追いかけてダンス動画を投稿・視聴し続けるティックトッカーたちをこきおろす声に、こうした非難の残響を聴くことができるだろう。

しかし、キース・ニーガスは、アドルノ以後繰り返されてきた音楽とダンスに対する消極的な議論は、「世界中の人々が、歴史を通じ、身体とダンスで音楽に応えてきたこと」を軽視していると反論する。さらにニーガスは、ダンス流行への憂慮が「性的嗜好の直接的な表現に対する嫌悪とか、「洗練された」身ごなしが「野蛮な」リズムによって堕落してしまうのではないかという（多くの場合露骨に人種主義的な）恐れとか、若者たちが一種の集団心理によって操作されているのではないかといった不安」などの、本来であれば個別にときほぐして総合的な解決を目指すべき問題をないまぜにしてしまうと主張した（ニーガス 二〇〇四［一九九六］、三七）。つまり、「ポピュラー」なダンス文化が触発する議論からは、特定の思想と身ぶりがメディアを介して一様に押し付けられる危険性だけではなく、複数のジェンダー、セクシュアリティ、人種、世代などにまたがる音楽と身体の関係性をより深く理解する可能性も引き出されるべきなのだ。ダンスに限らず、地域や時代を超えて多くの人びとを巻き込むポピュラー音楽のさまざまな実践に、こうした端緒を見出せるだろう。

より直截的にいえば、Tiktokは中国企業発の営利的なプラットフォームとして無数のユーザーから労働力を搾取する一方で、啓発的なメッセージを新世代が共有する媒体としても機能している（竹田 二〇二二）。そこでは、さまざまなマイノリティへの理解、環境問題に対する警鐘、ひいてはアドルノと矛先を重ねるかのような資本主義批判や、デジタル化以降のプラットフォームによって生じた文化そのものを問いなおす主張までもが発信される。その際に、音楽や歌や踊りが重要な手段となっていることは見逃せない。もちろん、こうした抵抗はあくまで資本主義的な産業構造の内部で生まれ、その力を強めるために利用されている。しかし、そこには搾取や差別の克服に向けて、現状のシステムに虫喰い程度の小さな穴をあける可能性も秘められている。

本章冒頭で言及してきたウィリアムズは、『キーワード辞典』の「popular」という項目をしめくくるにあたり、この言葉には「楽しげな文脈」で用いられる「ひょいとした動き（a sudden lively movement）」という意味が古くから備わっていたことを強調している（ウィリアムズ 二〇一一［一九七六］、四一〇）。それがどんなジャンルのものであれ、日ごろ触れている音楽に「ポピュラー」の枠組みから耳を澄ますことは、現在地から軽やかな一歩を踏み出し、より多くの「人びと」とのつながりのなかで自身の文化的な経験を再考する契機となるはずだ。

永冨真梨＋忠聡太＋日高良祐

参考文献

- 井上貴子（一九九七）「ジェンダーと音楽学――問題点と可能性」、『東洋音楽研究』第六二巻、二一－二三頁
- ウィリアムズ、レイモンド（二〇一一［一九七六］）『完訳キーワード辞典』椎名美智＋武田ちあき＋越智博美＋松井優子訳、平凡社
- 大和田俊之（二〇一一）『アメリカ音楽の新しい地図』筑摩書房
- 柴崎祐二編著（二〇二二）『シティポップとは何か』河出書房新社
- 竹田ダニエル（二〇二二）『世界と私のA to Z』講談社
- ニーガス、キース（二〇〇四［一九九六］）『ポピュラー音楽理論入門』安田昌弘訳、水声社
- 福中冬子（二〇一三）「はじめに――「ニュー・ミュージコロジー」とは何か――「ニュー・ミュージコロジー」再考に向けて」、ジョセフ・カーマンほか『ニュー・ミュージコロジー――音楽作品を「読む」批評理論』慶應義塾大学出版会、iii－xiv頁
- マクレアリ、スーザン（一九九七［一九九一］）『フェミニン・エンディング――音楽・ジェンダー・セクシュアリティ』女性と音楽研究フォーラム訳、新水社
- 増田展大（二〇二一）「プラットフォーム」門林岳史＋増田展大編著『クリティカル・ワード メディア論――理論と歴史から「いま」が学べる』フィルムアート社、六一－六八頁
- 水嶋一憲（二〇二一）「資本とメディア」門林岳史＋増田展大編著『クリティカル・ワード メディア論――理論と歴史から「いま」が学べる』フィルムアート社、七五－八二頁
- 毛利嘉孝（二〇一二）『増補 ポピュラー音楽と資本主義』せりか書房
- Adorno, Theodor W. (2020) J.M. Bernstein (ed.), *The Culture Industry: Selected Essays on Mass Culture*, Routledge.(Kindle版)
- Davis, Angela (1990) "Black Women and Music: A Historical Legacy of Struggle" in Joaane M. Braton and Andree Nicola McLaughlin (eds.), *Wild Women in the Whirlwing: Afro-American Culture and the Contemporary Literary Renaissance*, Rutgers University Press.
- IFPI, Global Music Report 2022 - State of The Industry, https://cms.globalmusicreport.ifpi.org/uploads/Global_Music_Report_State_of_The_Industry_5650fff4fa.pdf(二〇二三年二月一八日アクセス)
- McLary, Susan (1993) "Reshaping a Discipline: Musicology and Feminism in the 1990s," in *Feminist Studies*, vol. 19, no. 2: pp. 399–423.
- Middleton, Richard (1990) *Studying Popular Music*, Open University Press.
- Prior, Nick (2018) *Popular Music Digital Technology and Society*, SAGE.
- Steinberg, Marc (2019) *The Platform Economy: How Japan Transformed the Consumer Internet*, University of Minnesota Press.

第1部—2 Technology

テクノロジー

キーワード KEYWORD
スピーカー、電気信号、デジタル・データ、音響再生産テクノロジー、アナログ・レコード、CD、配信、DAW、ボーカロイド、楽器、科学技術社会論、楽譜、シンセサイザー、インターフェイス、ライヴ、録音、打ち込み

音楽体験はテクノロジー体験である

私たちの身近な音楽体験において、音を操るテクノロジーはジャンルを問わず欠かせないものとなっている。自分の意思で音楽を聴こうとしている時ばかりではなく、家や街で過ごすちょっとした時間にも、**スピーカー**（テレビやパソコンも含む）から音楽が流れてくる。空気を通じて耳に伝わる振動を**電気信号**や**デジタル・データ**へと変換し、その信号からふたたび空気の振動を生み出すテクノロジー（メディア研究者のジョナサン・スターンはこれを「**音響再生産テクノロジー**」と呼んでいる（スターン二〇一五［二〇〇三］））は、録音や放送といったメディアとなって社会に浸透し、いつでもどこでも好きな時に音楽に触れられる環境をもたらしている。音声信号として記録された音楽は、かつての**アナログ・レコード**や**CD**といったパッケージ、そして今ではインターネット上での**配信**というかたちで無数に**複製**され、多

くの人の耳に届き、その中から多数のファンを獲得するヒットが生まれる。こうしたテクノロジーの介在は、音楽が「ポピュラー」な存在であるための必須条件だと言える［↓1－1ポピュラー］。

音響再生産テクノロジーは音楽を生み出す環境の基盤にもなっている。二〇世紀を通じて発達し続けたスタジオ・レコーディングの手法は、時代ごとの斬新なサウンドを生み出してきた。ここで言う「サウンド」とは物理的な意味での音響というより、音楽の美的な特徴を指し示すものととらえられる（谷口ほか二〇一五、二六五－二六七）。歌や演奏において発揮される音楽家の個性に加えて、それらの音を拾うためにどのようなマイクをどのように設置するか、収録した音をどのようにミックスするかといったエンジニアリングの側面から、サウンドの特徴が方向づけられてきた（内沼二〇一九、中村二〇一八）。さらに音のデジタル化が進んだ現在では、レコーディングや電子音のプログラミングの機能を集約した**DAW**（Digital Audio Workstation）のソフトウェアを使うことで、パソコン一台あれば商品として通用する品質の音楽を制作できるようになっている［↓1－8デジタル］。

ここに挙げたような環境を実現する過程で、音楽はつねに新しいテクノロジーを取り入れ続けており、そこから生まれるサウンドがセンセーションを起こしてきた。比較的近い例を挙げるなら、ヤマハが開発した「**ボーカロイド**」をはじめとして声の素材から歌声を生成する技術は、「初音ミク」（二〇〇七年発売）などのキャラクター・イメージをともなうことで大ブームを巻き起こした。昨今何かと注目されるＡＩ（人工知能）による作曲や音響合成も、すでに商業レベルでの実用化が見えつつある。美空ひばりの生前の歌声をＡＩに学習させることで作られた「新曲」が二〇一九年の『ＮＨＫ紅白歌合戦』で披露されたことは記憶に新しい。

日常化したテクノロジーと最先端のテクノロジー、その両方において音楽との深い関係を見出すことができる。「音楽体験とはすなわちテクノロジー体験である」とすら言えるだろう。音楽のありようを注意深く観察すればテクノロジーを理解できるし、テクノロジーという側面から音楽がいかなるものであるかを議論できるのである［↓3－8プログラミング］。

テクノロジーの結晶としての音楽

ところで、ここまで当然のように使ってきた「テクノロジー」とは、実際のところ何を指す言葉なのだろうか。テクノロジーといえば新しい話題に目が向きがちだが、一方では生活の一部となったテクノロジーもある。すでに過去のものとなったテクノロジーまで含めるなら、一切のテクノロジーと無縁な音楽などというものは果たしてあるだろうか。

ポール・テベルジュは、音楽を作ることは実質的にすべて何らかの類のテクノロジーにもとづいているのだという見方を提示している（Théberge, 1999, 210）。たとえばギターやフルートなどの**楽器**は、それぞれ一定の操作に応じて決まった音が得られるよう、その形状がデザインされている。さらに、それらの楽器から適切に音を鳴らすには、弦や指穴の押さえ方、息の吹き込み方など、自分の身体でもって操るための知識や技能が求められる（この点では、楽器を用いない歌唱ですら例外ではない）。たとえその楽器が構造的に電気を使用していなかったとしても、そこから発せられるなめらかな音色やフレーズはテクノロジーの産物に他ならない。

こうした認識は、テクノロジーとは社会的過程によって形を与えられた物体、活動、知識の集成であるとする**科学技術社会論**（ＳＴＳ）の考え方（Bijker, Hughes, and Pinch 1987, 3-4）に通じている。「テクノロジーが社会を根底から変える」とみなす技術決定論への批判を原点にもつ科学技術社会論は、テクノロジーを社会の外側に置くのではなく、むしろ社会のなかでテクノロジーが形作られていく過程をとらえてきた。これに当てはめるなら、音をデザインするために物理的知識を活用しながら物体を加工して作られ、師弟関係や学校教育のように技能を習得する活動をともなってきた楽器は、音に対する美意識を反映してきたという点も含めて、音を操るテクノロジーの結晶化した姿だと言える。

音をデザインするという意味では、それ自体では音を発しない**楽譜**もまた、音楽のありようを強く方向づけてきたテクノロジーである。音の高さと時間的持続という二つのパラメーターが客観的に設定されている五線譜は、音符の表記に従うことで、複数の人間がそれぞれの声で歌っても声の違いを超えて「同じ旋律」である、という理解を可能にしている。こうした五線譜の性質が、西洋近代において楽譜にもとづく音楽作品概念の基盤となっている。一方で、高度な専門知識があれば楽譜に書かれた内容を音にしなくても「読める」ことや、慣れ親しんだ楽譜を手にした時に「ここに音楽がある」と感じることができることなど、多様な仕方で楽譜と関わり合うための知識や活動と結びつきながら、記譜法というテクノロジーが成り立っているのである［↓2-9 楽曲］。

テクノロジーは不自然なのか

音楽にとって不可欠な要素としてテクノロジーをとらえられる一方で、テクノロジーが音楽の外側からやってきて既存の音楽を脅かしてしまうというイメージも、いまだ根強く見られる。前者の立場を「広義のテクノロジー観」とするなら、それとは対照的な「狭義のテクノロジー観」、つまりテクノロジーとは音楽を今まさに揺るがすものだという視点は、新しいテクノロジーの導入に対する賛否両論というかたちで現れる。先に挙げた「ＡＩ美空ひばり」に対しても、故人の尊厳を損なうものであるという批判が見られた（原田二〇二〇）。

新しいテクノロジーに対する拒否反応もまた、音楽の歴史のなかで繰り返し現れる。一例として、やはり現在の音楽制作には欠かせない電子楽器「**シンセサイザー**」を挙げておこう。一九五〇年代に大学など研究機関で音響合成を実験するための装置として開発されたシンセサイザーは、当時のコンピューターと同様、研究室の一角を埋める巨大な機械だった。このシンセサイザーに鍵盤やツマミなど操作しやすい**インターフェイス**を与えることで広く普及することに貢献した人物として知られるのがロバート・モーグ（一九三四－二〇〇五）である（小泉宣夫＋岩崎真二〇一一、一九九－二〇一）。それまではあくまで音響合成のプロセスに過ぎなかった身体的な操作が「演奏」へと近づいたことで、シンセサイザーは「楽器」の一種と数えられるようになった。従来から当たり前にある音楽実践に編入されることを通じて、電子音響合成テクノロジーのあり方が結晶化したのである。しかしながら、後年に制作されたドキュメンタリーのなかでモーグは、自身の製品の発表当初に「自然ではない、物事のあるべき道から外れている」という強い反発を受けたと振り返っている（フェルスタッド二〇〇四）。

シンセサイザーの音が受け付けないというだけなら、好みの問題に過ぎないと思われるかもしれない。だとしても、新しいテクノロジーが「不自然」「人工的」なものとして語られる時、そこではテクノロジーの見方をめぐるねじれが生じている。というのも、そこで対比される「自然」な音楽にも、また別のテクノロジーが使われているからだ。たとえば、小さなスペースで行われるジャズ・バンドの演奏でも、歌や各楽器の音をマイクで拾って調整し、スピーカーから出すことが通例となっている。CDとオーディオ装置で聴くクラシックのオーケストラ音楽にも同じことが言える。あるテクノロジーへの拒否反応は、裏返しに、既存のテクノロジーが「自然」化していることを物語っている。この自然化の繰り返しを通じてテクノロジーは、歴史の積み重ねを反映した地層を構成し、音楽を支えている。

「生」を生み出し続けるテクノロジー

「自然か人工的か」という対立は、価値判断の分かれ目であるばかりではなく、音楽におけるテクノロジーのあり方を方向づける指標となってきた。そのことを象徴するのが、音楽をめぐる語りにしばしば見られる「生《なま》」あるいは「**ライヴ**」という概念である。「**録音**（録画）」や「**打ち込み**（プログラムされた自動演奏）」と対比して「生演奏」と言われたり、電気を使わないアコースティック楽器を「生楽器」と呼んだりするように、「生」はテクノロジーが介在しないというニュアンスをもっている。しかしすでに議論したように、「生演奏」でも大抵の場合、音響再生産テクノロジーが活用されている。DAWで鳴らせる音色のリストに並ぶ「生楽器」の場合も同様である。では、「生」とは自然化したテクノロジーが見えていないがゆえの錯覚によるイメージなのだろうか。

コンサートなど会場に観衆を集めて演奏することを指す「ライヴ」もまさに、レコードという音楽メディアとの対比があってこそ成り立つ概念である。実際、ライヴという語がある種の音楽形態を意味するようになる過程では、レコードというテクノロジーに対する拒否反応があった。一九二〇年代以降、ラジオとの相乗効果もあって商品として急速に成長したレコードに対して、劇場やホールを仕事場とする音楽家は、自分たちの仕事を奪う脅威として反発した。サラ・ソーントンによれば、英語において「live」が音楽を指す語彙となった背景には、英国の音楽家組合が一九五〇〜六〇年代にかけて「音楽を死なせるな（Keep Music Live）」というスローガンを掲げるなどのキャンペーンを張ったことがあった（Thornton 1995, 41–42）。つまり「ライヴ」には「テクノロジー＝生命を持たないもの」との対比による「生きたもの」という意味が込められていた。今では「ライヴ音楽＝ある場所で演奏すること」と「レコード音楽＝録音物として音楽を制作すること」を音楽活動の両輪とすることは当たり前のものとなっているが、レコード音楽が複製技術によって「いつでもどこでも」聴けるものになっていくにつれ、ライヴ音楽はその裏返しに「今ここにしかない」体験を際立たせるようになっていった［↓2－6 場所］。

レコード音楽と対置されることで「生」としての特権的な価値を志向するライヴ音楽だが、一方ではその形態において新しいテクノロジーを大々的に取り入れてきた。フィリップ・オースランダーは、ライヴ性というものがさまざまなテクノロジーと結びつくことで構築されていることを論じている（Auslander 2002）。音楽産業の成長とともに巨大化したコンサートでは、客席からは豆粒のようにしか見えないステージ上の音楽家の姿をスクリーンに大きく映し出すことが定番となっている。さらに近年では、あらかじめ作り込まれたCG映像やレーザーアートが非日常的な体験を演出することも多く行われている。もちろん、そうしたテクノロジーに対しても、音楽にとって不純物だといった拒否反応はありうるだろう。だとしても、大きな産業構造をふまえて見れば、これらのテクノロジーは、より多くの人間が共有可能なかたちで「生」を生み出すことに貢献しているのである。

とは言うものの、インターネットが中心となった現在、「ライヴ音楽／レコード音楽」という図式自体が根本から揺らいでいる。ウェブのサービスを使えば誰でもカジュアルに自作の音楽を発信できるようになり、CDのような物理的パッケージはもはや不要となった。また、YouTube のようなひとつのプラットフォームのなかで録画の公開とリアルタイム配信の両方ができるようになり、さらにリアルタイム配信のアーカイヴが事後的に視聴できるなど、ライヴとレコードの区別は無効化しつつある。ただしそれは、音楽における「生」という価値が失われることを意味しない。たとえばコロナ禍において観客のいないライヴのインターネット配信が活発になるなかで、「配信ではない従来のライヴ」という意味の「生ライヴ」なる一見して妙な語をしばしば見かけるようになった。しかし、この言葉をめぐる状況をよく観察すると、ライヴフェスの会場からＳＮＳで配信するといった楽しみ方からは、「生」を重ね合わせることでライヴ音楽の体験にあらためて特権的な価値を与えようとする構造が見てとれる。価値を成り立たせる構図が再構築される渦中にあって対立軸も錯綜しているものの、テクノロジーはまた新たな地層をなし、そのうえで新たな「生」を作り出すことになるだろう。

谷口文和

参考文献

- 内沼映二（二〇一九）『内沼映二が語るレコーディング・エンジニア史——スタジオと録音技術の進化50年史』ＤＵ ＢＯＯＫＳ
- 小泉宣夫＋岩崎真（二〇一一）『サウンドシンセシス——電子音響学入門』講談社
- スターン、ジョナサン（二〇一五［二〇〇三］）『聞こえくる過去——音響再生産の文化的起源』中川克志＋金子智太郎＋谷口文和訳、インスクリプト
- 谷口文和＋中川克志＋福田裕大（二〇一五）『音響メディア史』ナカニシヤ出版
- 中村公輔（二〇一八）『名盤レコーディングから読み解くロックのウラ教科書』リットーミュージック
- 原田晋也（二〇二〇）「「ＡＩ美空ひばり」に賛否　故人の「再現」議論の契機に」、『東京新聞ＴＯＫＹＯ Ｗｅｂ』、https://www.tokyo-np.co.jp/article/7226（二〇二三年一月三〇日アクセス）
- フェルスタッド、ハンス（二〇〇四）『ＭＯＯＧ』ナウオンメディア
- Auslander, Philip (2002) *Liveness: Performance in a Mediated Culture, Second Edition*, Routledge.
- Bijker, Wiebe, Thomas P. Hughes, and Trevor Pinch (eds.) (1987) *The Social Construction of Technological Systems*, MIT Press.
- Théberge, Paul (1999) "Technology," in Bruce Horner and Thomas Swiss, Brackwell (eds.) *Key Terms in Popular Music and Culture*, Wiley-Blackwell: pp. 209–224.
- Thornton, Sarah (1995) *Club Cultures: Music, Media and Subcultural Capital*, Polity Press.

第1部｜3

コマーシャリズム／キャピタリズム

Commercialism/Capitalism

キーワード KEYWORD

商業主義、正統性、芸術音楽、民族音楽、民俗音楽、商品、流通、プロレタリアート文化、ブルジョア文化、中産階級、テオドール・W・アドルノ、反資本主義、ロック中心主義（ロッキズム）、ポップティミズム

ポピュラー音楽の定義について厳密なコンセンサスがあるわけではないが、たとえば**芸術音楽**や**民族音楽**／**民俗音楽**との差異を念頭に、多くの識者がその**商品**としての**流通**を前提としている点は重要だろう。実際、『グローヴ音楽辞典』で同項目を執筆するリチャード・ミドルトンとピーター・マニュエルは「その意味が歴史的に変化しており、文化圏によって異なる意味を持つ」ため定義づけは非常に難しいとしつつ、そのもっとも典型的なアプローチはポピュラー音楽を「活動のスケールとポピュラリティを結びつける」、たとえば「シート・ミュージック（楽譜）やレコーディング（録音物）の販売数をもとにした消費量を計算する」ことが通例であるとする（Middleton and Manuel 2015）。同様に音楽学者のチャールズ・ハムやロバート・ウォルサーなどもポピュラー音楽を定義づける際に「より広範なオーディエンスに届くこと、大量の流通など普及の手法を重視する」傾向があるとしている（Hamm and others 2016）。つまり、民族音楽／民俗音楽などと比較した際に、ポピュラー音楽はその商業性を前提と

しているとひとまずはいえるだろう。

だが、あるいは、それゆえにというべきか、ポピュラー音楽の歴史は商業主義への反発で彩られている。多くのポピュラー音楽が反商業主義的な特質をアピールすることで、そのジャンルの**正統性**を主張してきたことは拭いがたい事実だろう。**商業性**（commerciality）を前提とするポピュラー音楽が商業主義（commercialism）を否定する——この点を主としてアメリカのポピュラー音楽の歴史に即してあらためて検討してみたい[↓1-1 ポピュラー]。

商業主義と人種差別

アメリカのポピュラー音楽はその黎明期にすでに商業主義への反発が記録されている。特筆すべきは、そのレトリックがユダヤ人差別と重ねられる点である。アメリカでは一九世紀半ばまでに一般家庭へのピアノの普及が本格化し、自宅で演奏する際に必要となるシート・ミュージックの売上が流行の曲を左右し始めた。ボストンやフィラデルフィアなどでも音楽出版社が集中していたが、最終的に一九世紀後半に「**ティン・パン・アレー**」と呼ばれるニューヨークの一角が音楽産業の中心地として台頭した。

ティン・パン・アレーに多くのユダヤ系移民が従事したことはよく知られている。一八八〇年代以降、ロシア帝国のポグロム（反ユダヤ主義）から逃れるなどの理由からアメリカに移住するユダヤ人は急増した。初期アメリカ音楽産業の研究で知られるデヴィッド・スイスマンによれば、ティン・パン・アレーに関わったユダヤ人の多くはアメリカ生まれのドイツ系ユダヤ人であり、販売員／営業員を前職としていたという（Suisman 2009）。ティン・パン・アレーに向けられた差別的な眼差しの事例として、スイスマンは同時代のジャーナリスト、D・G・アーノスがユダヤ系の音楽出版社を訪れた際に「一見文明化された喉からこれほどひどく下品な音が発せられるとは信じられなかった」と記したことを挙げるが、もっとも有名なのはヘンリー・フォードによるユダヤ系差別だろう。

フォード社を設立し、大量生産を可能にするライン生産方式（assembly line）を確立したことで知られるヘンリー・フォードは、同時に都会での窮屈な生活を憎悪し、自然に溢れる田舎での牧歌的な日常を賛美する反近代主義者でもあった。問題は、彼がその都市文化をユダヤ性と結びつけ、差別的な記述を数多く残している点である。たとえば、フォードはティン・パン・アレーについて自身が創刊した『ディアボーン・インディペンデント』誌で次のように述べている。

> この記事の目的は、いつも人びとが鼻歌を歌ったり口ずさんだり、日夜叫び続けたりしている低脳な音楽に関する真実を伝えるのと、できればユダヤ人が彼らの頭上で金銭的なプロパガンダの目的で振りかざしている不可視の指揮棒に気づくようにすることである。アメリカの舞台や映画がユダヤ人とその芸術破壊的な商業主義の支配下に置かれてしまったように、ポピュラー・ソングを扱うビジネスもイディッシュの産業となってしまった。（quoted in Warnock 2009）

フォードはアングロ・サクソン系の歌や踊りの重要性を説き、スクエアダンスやフィドルの普及にも努めたが、ティン・パン・アレーのシステムが徹底的な分業制（作詞家、作曲家、編曲家など）のもと、あたかもフォード社のライン生産方式のように楽曲の大量生産を可能にしたことを思えば、フォードのティン・パン・アレー批判（＝ユダヤ人差別）には皮肉という言葉では表現しきれないおぞましさが感じられる。

民族と芸術から見た商業性

初期ジャズの歴史も商業主義をめぐる論争によって形作られている。音楽美学者のバーナード・ジェンドロンによれば、「最初のジャズ戦争」は一九三〇年代後半にいくつかのナイトクラブが流行のビッグ・バンドを嫌い、小コンボ編成のニューオーリンズ・スタイルの「ディクシーランド」ジャズを演奏し始めたことを端緒とする。やがてそれはニューオーリンズ・スタイルの正統性を主張するリバイバリスト——彼らは、敵対者から「moldy fig ＝カビ臭いイチジク＝古臭い連中」と批判された——と、スウィングを擁護する「モダニスト」の間でジャズの定義をめぐる大きな論争へと発展した。

ニューオーリンズ・スタイルの支持者は政治的な左派が主流であり、ジャズの民俗音楽《フォーク・ミュージック》としての特質を主張した。彼らにとってニューオーリンズ・ジャズからスウィングへの変化は、正統的なアフリカ系アメリカ文化であり**プロレタリアート文化**である「ジャズ」から譜面を重視するヨーロッパ的かつ**ブ**

ルジョア文化への劣化であり、到底容認できるものではなかったのだ。その際にスウィングの商業的成功それ自体が槍玉に挙げられたことはいうまでもないだろう。リバイバリストはその商業主義をスウィングの「不純さ」と「堕落」、それに「凡庸さ」の象徴とみなし、「モダニスト」批評家らは「太鼓持ち」で「宣伝屋」にすぎないと痛烈に批判した（Gendron 1993）。また、ある評者がスウィングの非民俗性を指摘する際に、それがブルースから離れて「ヴォードヴィルやミュージックホール、ミュージックコメディやシナゴーグ」の音楽を参照するようになったと嘆くとき、ここにティン・パン・アレーに対する批判と同様のユダヤ人嫌悪を垣間見ることができる。

これまで見てきた通り、ティン・パン・アレーやスウィング・ジャズの商業主義への批判は、民俗音楽こそが正統的な文化であるとの立場から発せられている。アングロ・サクソン系の音楽文化とニューオーリンズ・スタイルのジャズがどこまで民俗的に純粋であるかは別にしても、ある共同体で自然発生的に育まれた（と信じられる）音楽文化が商業＝ビジネスに塗れた音楽文化よりも正統であり価値があるという思想は、現在も多くの音楽評論家や愛好家の間で共有されているといえるだろう。

では芸術音楽の立場からポピュラー音楽を批判する際、その商業主義はどのように理解されるのだろうか。その典型的な形式を**テオドール・W・アドルノ**の有名なジャズ論にみることができる。アドルノは哲学者、社会学者として知られるだけでなく、自身もアルバン・ベルクに師事した作曲家、音楽学者であり、音楽に関する業績も多い。一九三七年に発表されたアドルノの「ジャズ論」が、ビバップ以前のスウィング・ジャズを念頭に書かれたことは自明だが、そこで彼は「ジャズが厳密な意味において商品である」と断言し、「疎外を止揚するどころか、むしろ強めるものであることは確か」であると主張する。

ところで直接性が押し通されているように見えるジャズの側面、つまり、先にその基本形態としてシンコペーションを挙げておいた即興ふうなところは、それ自体が規格化されたもので、規格化された商品性格を糊塗するために、外部からこれにつけ足されたものでしかなく、ただの一瞬も商品性格そのものを制するにはいたらない。（アドルノ 一九九四［一九六四］）

フランクフルト学派を代表する思想家が**反資本主義**的な用語でジャズを批判することはとくに驚きに値しないが、この小論の後半でいくぶん唐突に「ジャズと迫害（ポグロム）には相関関係がある」とし、アフリカ系とユダヤ系を「迫害の場面に出てくるであろう人びと」と結びつけ、ジャズのシンコペーションを「時間の標準（拍子）にたてつき反抗する見かけ上の主観性の表現であると同時に、客観的な権威筋によって指示された退行の表現でもあ」るとするとき、ここでアドルノは凡庸かつ有害なティン・パン・アレー／ジャズ批判の構図を反復しかかっている［↓1-7 レイス］。

現代における反商業主義

「民俗音楽」をあくまでも音楽の正統とし、商業主義を軽んじる態度は、第二次世界大戦後の商業的な音楽ジャンル内にも引き継がれている。ロックンロールとロック・ミュージックを別の音楽ジャンルとしてとらえるか、またロック・ミュージックの誕生をいつと定義するかは評論家や研究者によって異なるが、それでも戦後の若者を熱狂させたこの音楽ジャンルが商業をベースに成立していることは否定しがたい事実だろう。だが、初期のロック評論や研究の多くはこの音楽を「民俗音楽」として特徴づけようとしたのであり、そのことは戦前のティン・パン・アレーやスウィング・ジャズをめぐる論争を参照することで初めて理解できる。たとえば美術史家カール・ベルツの『ロックへの視点』はこの音楽ジャンルに関するまとまった書籍としては初期のものだが、彼は「芸術」を「純粋芸術（fine art）」、「大衆芸術（popular art）」、「民俗芸術（folk art）」に区分したうえでロックを「民俗芸術」であると解釈する（ベルツ 一九七二［一九六九］）。訳者のひとり、中村とうようがあとがきで指摘するように、同時代の日本でも鶴見俊輔が『限界芸術論』（一九六七）を著し、芸術を「純粋芸術」、「大衆芸術」、「限界芸術」の三つに分類したことは重要だろう。またベルツは「ポピュラー音楽」や「ティン・パン・アレー流の音楽」を通俗（kitsch）音楽と名付け、それらが「根本的には芸術上の創造とはかかわりはない」とし、大衆芸術と同様に「リアリティの「見せかけ」を売ってうまくもうける」ものだとする。

同様に、『ロックの意味』を上梓した英文学者ウィリアム・シェイファも「ロックはひとつの世代の、こと一九五五年から一九六五年にかけてのアメリカの中産階級内で成長していった人たちの「民俗音楽」（フォーク・ミュージック）となった」としたうえで、商業主義との関係について次のように述べる。

ロックは、ネオン・サインのように今日の商業文化の一固定物になっている。しかし、そうではありながらも、ロックは今日の文化の基準化と商業化とは敵対したメッセジ《ママ》を与え、異議を唱え、順応するのはやめようと呼びかけている。（シェイファ 一九七二［一九七五］）

ロック・ミュージックが商業主義に囚われながらそれとは反対のメッセージを発しているという理解は現在も多くの研究者などに共有されているが、シェイファがいうようにそれが「中産階級的アメリカを拒絶するものであった」のか、あるいはそもそも中産階級的アメリカがその拒絶の身ぶりそのものをも商業化したか――この点をジョセフ・ヒースとアンドルー・ポターが『反逆の神話』で精緻に分析している――については議論の余地があるだろう（ヒース＋ポター 二〇〇五［二〇一四］）。

ロッキズムを超えて

こうしたポピュラー音楽における商業主義批判そのものが俎上に載せられるのは、その後、数十年経過してからである。二〇〇四年に『ニューヨークタイムズ』紙に掲載された音楽ライター、ケリーファ・サネの記事「ラップ・アゲインスト・ロッキズム」は硬直したロック中心主義を批判し、関係者の間で大きな論争を引き起こした。サネはこうした議論が一九八〇年代に始まったとしつつ、典型的な**ロ**

ック中心主義**（ロッキズム）**を「正統的な昔ながらのレジェンド（あるいはアンダーグラウンドのヒーロー）に心酔しながら最新のポップ・スターをバカにする、パンクをもてはやすがディスコにはほとんど耐えられない、ライヴを愛しミュージック・ビデオを嫌悪する、唸り声で歌うシンガーは褒め称えるが口パクで歌うシンガーは憎悪する」と戯画的に描写する（Sanneh 2004）。

「ロッキスト」は「ディスコにはほとんど耐えられない」という記述は、一九七九年のディスコ・デモリション・ナイトを想起させる。当時、ディスコを嫌うロックファンが野球場で大量のディスコのレコードを爆破したこのイベントはロッキズムが頂点に達した瞬間ともとらえられるが、ディスコという音楽の起源と特質を考えれば、これがホモフォビア（同性愛嫌悪）を内包する運動であったことは否定しがたいだろう［↓1-6 ジェンダー／セクシュアリティ］。

また、ミュージック・ビデオよりもライヴを優先する立場は、本稿でも繰り返し論じてきた「民俗音楽」の価値観とも呼応する。つまりここで露見しているのは文化の単独性を複製物よりも正統的であるとみなす価値判断であり、ごく乱暴にいってヴァルター・ベンヤミンの「複製技術時代の芸術」論以前の思想だといえる。

いうまでもなく、サネは「ロッキズム」の終焉をヒップホップの台頭と重ねている。記事のタイトルは「ロッキズムに対抗する小論《ラップ》」と「ロッキズムに対抗するラップ（・ミュージック）」という二つの意味がかけられているが、ロッキストが九〇年代のギャングスタ・ラップに投げかけた批判――「あまりにけばけばしく愚かで、暴力的で馬鹿馬鹿しい」――にもかかわらず、同時代の音楽シーンはポップ・

スターとR&Bシンガーとカントリー・ミュージシャンとラッパーに分裂していたのであり、「ロックンロールもその他のジャンルのひとつにすぎな」くなったのだ。

サネ自身はその語を用いていないものの、彼のように（ロックと対抗する意味での）ポップ・ミュージックを積極的に評価する立場は**ポップティミズム**（poptimism）と呼ばれ、二〇一〇年代にはむしろ音楽ライターのマジョリティを形成している（ロッキズムとポップティミズムをめぐる議論は二〇一〇年代に再燃し、一七年にはポップティミズムの終焉を唱えるロブ・ハーヴィラの記事（Harvilla 2017）も発表されている）。だが、サネがポピュラー音楽と商業主義について述べた次の文章は現在も有効だといえるだろう。

ロッキズムは、最近のポピュラー音楽では通例となっている、華々しくも支離滅裂で、大企業の資金提供を受けた、リリース前にリスナーの反応をテストするような、混乱した背景を持つ音楽を聴くことを困難にしている。自ら曲を書き、自らのギターを弾くパフォーマーだけを賛美することは、そもそも私たちが聴く音楽を生み出している市場――それは小切手を追い求めるスーパー・プロデューサーや、オーディエンスのことばかり考える重役たち、それに信頼性に飢えたパフォーマーによって構成される――を無視することになる。昔ながらの孤高の天才に固執すれば、もっとも記憶に残る音楽の多くが数百万ドルの契約や、思いつきのコラボレーション、不透明なビジネスの力によって制作されていることを忘れてしまう。実際、多くの素晴らしい音楽は、こうしたことによって生み出されているのだ。（Sanneh 2004）

ポピュラー音楽における商業主義批判は**カウンター・カルチャー**の時代に始まったわけではない。それは音楽産業の黎明期から存在したのであり、その多くは民俗音楽を評価する立場から、同時代の流行音楽の（過度の）商業性を非難するという形式をとった。なかには史的唯物論をベースにポピュラー音楽の資本主義的性格を暴くものもあるが、忘れてはならないのは、そうした音楽の正統性をめぐって発せられる批判がときにユダヤ人差別やホモフォビアを内包していた点である。

一九六〇年代にザ・ビートルズが愛と平和の重要性を訴え、二〇一〇年代に韓国のアイドル・グループ、ＢＴＳがアジア系差別への反対を表明した。前者をカウンター・カルチャーとして評価し、後者をコーポレート・カルチャーによる偽善と価値づけるか、どちらもそれぞれの時代のスターが世界的に発したメッセージであると共通性を見出すか、あるいは両者ともポピュラー音楽そのものとは無関係の些事であるとして切り捨てるか――ポピュラー音楽と商業主義をめぐる問題は、一人ひとりのリスナーがどのように音楽と対峙するかという態度表明とも密接に関わっている。

大和田俊之

参考文献

- アドルノ、テオドール・W（一九九四［一九六四］）三光長治・川村二郎訳）「ジャズ論」『楽興の時（新装版）』白水社
- ジェイファ、ウィリアム（一九七五［一九七二］）『ロックの意味』三井徹訳、草思社
- 南田勝也（二〇〇一）『ロックミュージックの社会学』青弓社
- ベルツ、カール（一九七二［一九六九］）『ロックへの視点』中村とうよう＋三井徹訳、音楽之友社
- ヒース、ジョセフ＋アンドルー・ポター（二〇一四［二〇〇五］）『反逆の神話——カウンターカルチャーはいかにして消費文化になったか』栗原百代訳、NTT出版
- 毛利嘉孝（二〇一二）『増補 ポピュラー音楽と資本主義』せりか書房
- Austerlitz, Saul (2014) “The Pernicious Rise of Poptimism,” *New York Times Magazine*, April 4, 2014, https://www.nytimes.com/2014/04/06/magazine/the-pernicious-rise-of-poptimism.html（二〇二三年一二月二〇日アクセス）
- Dearborn Inependents (eds.) (1921) “The International Jew, Volume III, Jewish Influences” in *American Life*, 1921:1, quoted in Emery C. Warnock, “The Anti-Semitic Origins of Henry Ford's Art Education Patronage,” in *Journal of Historical Research in Music Education* 30, no.2 (April 2009): p. 82.
- Harvilla, Rob (2017) “Have We Reached the End of Poptimism?” *The Ringer*, November 16, 2017, https://www.theringer.com/music/2017/11/16/16666306/taylor-swift-poptimism-2017（二〇二三年一二月二〇日アクセス）
- Gendron, Bernard (1993) “Moldy Figs and Modernists: Jazz at War (1942–1946),” in *Discourse* 15, no.3: pp. 136–139.
- Lobenfield, Claire (2016) “Poptimism Isn't the Problem,” Village Voice, January 12, 2016, https://www.villagevoice.com/2016/01/12/poptimism-isnt-the-problem/（二〇二三年一二月二〇日アクセス）
- Middleton, Richard and Manuel, Peter (2015) “Popular Music,” *Grove Music Online*, Updated and revised, January 13. 2015; https://doi-org.kras.lib.keio.ac.jp/10.1093/gmo/9781561592630.article.43179（二〇二三年一二月二〇日アクセス）
- Charles Hamm, Robert Walser, Jacqueline Warwick and Charles Hiroshi Garrett, “Popular Music,” *Grove Music Online*, updated and revised, January 31, 2014, https://doi-org.kras.lib.keio.ac.jp/10.1093/gmo/9781561592630.article.A2259148.（二〇二三年一二月二〇日アクセス）
- Sanneh, Kelefa (2004) “The Rap Against Rockism,” *New York Times*, October 31, 2004, https://www.nytimes.com/2004/10/31/arts/music/the-rap-against-rockism.html.（二〇二三年一二月二〇日アクセス）
- Suisman, David (2009) *Selling Sounds: The Commercial Revolution in American Music*, Harvard University Press.

第1部—4 Colonialism/Postcolonialism

コロニアリズム／ポストコロニアリズム

キーワード KEYWORD
植民地支配、文化へゲモニー、接触領域、近代ツーリズム、文化進化主義、地域固有性、真正性、他者、民族音楽学、ワールドミュージック、西洋中心主義、グローバル・ミュージック・ヒストリー、ヴァナキュラー音楽、脱植民地化、ポジショナリティ、マルチヴォーカリティ、二重意識

レトロな雰囲気のジャズ・バーに、ＢＴＳのシュガとジミンが入ってくる。彼らから渡された一本のカセットテープを、バーのマスターらしき人物がラジカセでかける。すると聞こえてくるのは、ジャズではなく韓国の懐メロ――これは韓国のブランディングを目的として文化体育観光部と韓国観光公社が二〇二〇年から制作している観光プロモーション映像「Feel the Rhythm of Korea」のひとつで、「BUSAN BLUES」というサブタイトルで二〇二一年一〇月に公開され、一週間で再生回数が二〇〇〇万回を超えた。このときカセットテープから流れるのは、一九七〇年代半ばに韓国で大ヒットを記録した趙容弼《チョー・ヨンピル》の〈釜山港へ帰れ〉である。

趙が一九八三年に来日してこの曲を歌うと、同年に演歌歌手の渥美二郎によって日本語でカヴァーされて、日本でも大いに人気を博した。のちに趙も日本語によるセルフカヴァーを発表している。近年、Ｋ－ＰＯＰグループが『ＮＨＫ紅白歌合戦』に出場することは定番となったが、韓国の歌手として初め

て出場したのは趙で、一九八七年のことだった。

〈釜山港へ帰れ〉は、発表当初から韓国で高い支持を得ていたわけではない。一九七五年に朝鮮籍の在日コリアンが悲願の訪韓墓参を実現しており、それに合わせた歌詞の改変が聴衆の共感を呼んだと考えられる。その歌詞とは、日本と韓国で生き別れとなった韓国人兄弟の心情を歌ったもので、まさに日本に行ったまま消息を絶った在日コリアンを題材としていた。ところが日本語版では、男女の悲恋の物語へと置き換えられた。要するに、日本語版が作られた際に、別離というテーマは維持しつつ、その文脈としての日本の植民地支配の歴史は削ぎ落とされたのである。

もうひとつのヒットの要因として、この曲が趙によってトロットとゴーゴーを組み合わせて編曲されたことを申鉉準《シン・ヒョンジュン》らは挙げる（申ほか二〇一六［二〇〇五］、四二〇）。トロットというのは韓国のポピュラー音楽のジャンルで、名称が定着したのは解放後だが、その原型は植民地期に日本の流行歌の影響下で作られた。一九四八年の南北分断と国家樹立以降、韓国では旧宗主国・日本の大衆文化が規制されたが、実際には海賊版やラジオで流入していた。朴正熙《パク・チョンヒ》政権（一九六三－七九）はとりわけ「倭色（ネガティヴな意味で日本的な）歌謡」の取り締まりを厳格化し、韓国の歌手が韓国語で歌っていても、トロットの楽曲はしばしばその「倭色」を理由に放送禁止となった。こうした日本文化の排除は、**植民地支配**をめぐる集合的記憶に寄り添い、韓国のナショナル・アイデンティティを構築することを意図していた。

他方で、趙が同時代のアメリカで流行していたダンス音楽であるゴーゴーをアレンジに採り入れていたことからもわかるように、昨今のＫ－ＰＯＰにいたるまで、韓国のポピュラー音楽にはアメリカの影響が顕著である。これは占領統治・朝鮮戦争に際するアメリカ軍の駐留を契機として、韓国において大衆文化のアメリカ化が急速に進んだことに起因する。趙を含め、解放後の韓国ポピュラー音楽界を牽引した多くのミュージシャンが、駐韓米軍クラブに出演していた。これは占領期日本の米軍クラブでアメリカ兵相手に研鑽を積んだ日本人ミュージシャンが、戦後日本のポピュラー音楽の中枢を担うようになったことと重なる。

韓国における近年の「ニュートロ（ニューレトロ）」ブーム（カセットテープはまさにその象徴である）の追い風を受けて、若年層に「再発見」されているトロットには、日本とアメリカの**文化へゲモニー**（覇権）の歴史が根底に流れているのである。

ポストコロニアリズムとは、このように、植民地体制崩壊後の文化や社会にコロニアリズム（植民地主義）の残滓を読み取り、旧宗主国の視点で語られる歴史を反転させようとするアプローチを指す。

接触領域における「他者」の音楽との邂逅

コロニアリズムは侵攻や入植、視察といった移動の契機である。一九世紀後半には鉄道や蒸気船など交通機関の発達と相俟って人やモノの往来が活発化したことで、各地の港湾都市は**接触領域**（コンタクト・ゾーン）となった。文学・言語学研究者のメアリー・ルイーズ・プラットが提唱したこの接触領域とは、「地理的・歴史的に隔絶された人びとが互いに接触し、強制、根本的な不平等、解決困難な衝突といった条件を大抵ともないながら、継続的な関係を確立する帝国的な出会いの空間」を指す(Pratt 2008, 8)。たとえば、一八五一年のロンドン万国博覧会を皮切りに、世界各地の文化の見本市の様相を呈した国際博覧会が列強諸国の都市部で開かれ、人びとが「異文化」と接する機会が増した。国家的イベントとしての博覧会は、**近代ツーリズム**の発展と結びつき、数百万から数千万に及ぶ観客を動員するにいたった。国力を広く知らしめ植民地支配を正当化する目的のもと、植民地をテーマとした博覧会やパビリオンは見世物としての性質を強める。現地から会場に呼び寄せられた人びとが、固有の音楽や舞踊を披露する光景は定番となった。

こうした国家のイデオロギー装置は、**文化進化主義**的な価値観に基づいて西洋文化をもっとも文明化されたものと見なし、対して非西洋文化を進化の過程の前段階にある、プリミティヴでエキゾチックなものとして珍重した。接触領域での文化の循環が、必然的に各地の文化のハイブリッド化をもたらし、非西洋世界の音楽は西洋音楽の急速な普及に影響を受けざるをえなかったにもかかわらず、外部からの影響を受けていない(ように見える/聞こえる)植民地文化の**地域固有性**が、観客からも研究者からも「**真正性**(オーセンティシティ)」と読み替えられ続けた。すなわち、文化はそもそも変容することが運命づけられているのに、植民地の文化は「変わらないもの」であることが期待された。このような欲望は現在もなお、ツーリズムにおける文化接触の場でしばしば表出し、観客が抱く「ホンモノらしさ」のイメージに合ったパフォーマンス(「演出された真正性」)が提供される例は珍しくない(マキァーネル 二〇一二[一九九九])。

西洋アカデミズムにおける非西洋音楽への関心

コロニアリズムの加速と並行して、植民地の文化は西洋知識人の学術的興味の対象にもなり、そもそも西洋の「芸術音楽」を研究する学問分野として確立した音楽学もまた、一九世紀後半から徐々にその関心を非西洋の音楽にも寄せるようになった。ただし、「他者」としての非西洋の音楽文化について調査するがゆえに、西洋の音楽理論の基準で非西洋音楽を説明づけ、西洋音楽との相違や非西洋音楽のあいだの類似を強調するようなアプローチも、近代初期には少なからず見られた。非西洋の音楽の多くは、口頭伝承に依拠していて楽譜が存在しなかったり、五線譜とは異なる記譜法であったりしたため、調査の過程で五線譜への採譜や録音が進められた。宗主国の研究者は、植民地の音楽のフィールドワークやレコード製作、博物館ないし博覧会での展示などを行ったが、その動機は必ずしも「異文化」への関心ばかりではなく、植民地にどのような資源があるかを確認し、それらを対外的に紹介することも意図していた。すなわち、コロニアルな状況に依拠して調査が成立していた面があったことは否めない。

こうした非西洋音楽への態度を批判的に問い直し、研究対象ないし学問分野そのものとコロニアリズム／ポストコロニアリズムとの結びつきを議論の射程に入れたのは、二〇世紀半ばに興った**民族音楽学**であろう。この領域を体系化したひとりであるブルーノ・ネトルが指摘するとおり、西洋文化としての民族音楽学という領域それ自体が西洋の事象であることは自明であったが（Nettl 1983, 25）、文化によって異なる音楽システムを持つことや、それらの間に優劣はないことが、議論の前提として共有されるようになった。もっとも、この時点での民族音楽学は、西洋の芸術音楽とポピュラー音楽を研究対象から除外しがちであった。

一九八〇年代後半になると、ポピュラー音楽の一ジャンルとしての「**ワールドミュージック**」が台頭する。このジャンルは、西洋の音楽産業のメインストリームで認知度の低かった諸地域の音楽を取りあげて、まさにプリミティヴでエキゾチックな側面を誇張しつつ商品化することでブームを巻き起こした。民族音楽学の領域でもポピュラー音楽を扱う研究成果が増加し、非西洋のみならず、たとえば西洋内部のマイノリティ集団の音楽も研究の射程に入れられるようになった（Slobin 1993 など）。西洋の音楽産業とアカデミズムの双方で、民族（民俗）音楽とポピュラー音楽の境界が曖昧になった時期である［↓1-1 ポピュラー、3-7 アジア］。

西洋中心主義批判としてのグローバル・ミュージック・ヒストリー

西洋で周縁化されてきた非西洋の音楽文化に着目した研究は、音楽実践ないし研究における西洋のへゲモニーを転換させることに寄与してきたが、他方で西洋／非西洋、中心／周縁の二分法を補強した側面も否めない。「西洋とその他（The West and the rest）」という観点で、芸術音楽と相対的に民族音楽を位置づけてきた歴史への反省として、二〇世紀後半以降はあらゆる音楽を「世界音楽」という語で包括する試みもなされた。それに連なる近年の展開として、地域間の関係性から音楽史を編み直すことを提唱するのが、**グローバル・ミュージック・ヒストリー**（Global Music History / Global History of Music）である。これはアクターネットワーク理論に代表されるように、あらゆる人やモノを等しく扱い、それらのつながりや相互作用から世界をとらえる動態史的なアプローチが、人文・社会科学分野で超領域的に見られるようになった流れを汲んでいる。つまり、グローバル・ミュージック・ヒストリーとは、歴史を「世界」という大きな主語で語るのではなく、個々の地域や集団の実践をグローバルな文脈に位置づけようとするアプローチと言える。近年の音楽史的研究において、ミュージシャンの移動や楽器・レコードの流通など、音楽関連の人やモノの越境的な循環が積極的に論じられるようになったのは、こうした背景による。

ポピュラー音楽におけるコロニアリズム／ポストコロニアリズムについて考えるうえで、レコード技術の流通による影響は無視できない。近代以降の音楽流通システムやレコード産業を西洋の大企業が牛耳り、拠点が都市に集中したことで、西洋が非西洋から搾取する構造が定着した。民族音楽学者のフィリップ・V・ボールマンが言うところの、「音楽の持ち主ではないけれども、音楽を保有できるテクノロジーを手にした人間が「原住民」から音楽をもぎ取り、それを楽しみや研究のために流用するという、再現手段のテクノロジー利用の問題」（ボールマン 二〇〇六［二〇〇二］、六一）である。民族音楽学者たちが録音した原住民の音楽が、当事者の預かり知らぬところで無断でサンプリングされ、クレジットなくポピュラー音楽の楽曲の一部に再利用されてそれが世界的にヒットする、というような事例も相次ぎ、資本主義経済システムから疎外された音楽の商品化・再文脈化やオーサーシップの所在が争点となった（Feld 2000ほか）［↓2-2法］。

耳の脱植民地化、聴取のポジショナリティ

その一方で、録音メディアは必ずしもグローバルなマス・カルチャー市場の占有物とは限らなかった。一九二〇年代半ば以降、電気録音技術や安価なシェラック盤の普及と音楽家の移動の活発化により、世界各地でそれぞれの土地に根づいた**ヴァナキュラー音楽**が録音されるようになった。マイケル・デニングは、この現象が西洋支配の音風景に対する世界的な革命であり、いわば「耳の**脱植民地化**」であるとする（Denning 2015）。

脱植民地化（ディコロナイゼーション）の概念自体は、第二次世界大戦後の植民地の独立運動に対して用いられてきたが、「耳（ないし聴取）の脱植民地化」という表現は、とりわけ二〇一〇年代から近現代音楽研究のキーワードとして散見されるようになった。ここでいう脱植民地化は、コロニアリズムに対する抵抗と取れる歴史上の事象を説明する際や、現代の実践に植民地主義の残滓を批判的に読み取る際に用いられるという点でポストコロニアリズムとオーバーラップするが、その主たる関心は「聴く主体」の位置づけにある。

エドワード・サイードが『オリエンタリズム』のなかで論じるように、西洋から東洋への欲望や偏見

に満ちたまなざしは、見る主体としての西洋／見られる客体としての東洋という権力の非対称性を基盤としている（サイード 一九九三［一九七八］）。そのようなまなざしが、心象地理としての「東洋」たるものを作りあげ、西洋と対置し他者化するとともに、相対的に西洋のアイデンティティと優位性を肯定した。同様のプロセスが視覚のみならず聴覚をめぐっても繰り返されてきたことは、オリエンタリズムおよびコロニアリズムの影響下で他者／自己のステレオタイプ的な聴覚的表象が少なからず構築されてきた点にも明らかであろう。**西洋中心主義**的研究からの離脱が目指されるなかで、こうした論点に関連して、「他者」を聴く「白人の耳」の暴力性が指摘されている。ジェニファー・リン・ストーヴァーは、優位で支配的な文化が、規範に合った聴き方をするよう圧力をかけることを明らかにする。ストーヴァーは、脱植民地化が革命の後に始まるのではなく、脱植民地化した人びとが革命を主導すると主張し、なかでも聴くことは自由、主体性、権力、自我にアクセスするための重要な方法であると述べる（Stoever 2016）。

このような流れのなかで、音楽の聴き方は聴き手の立場によって異なる、ということがあらためて意識され、聴き手としての自己の立場に自覚的になることが議論の前提となった。カナダの先住民の音楽を聴く白人入植者の特権性を論じたディラン・ロビンソンは、「聴取の**ポジショナリティ**」という枠組みで、聴く主体が聴かれる客体と取り結ぶ関係性を読み解いた（Robinson 2020）。「白人の耳」の議論は、特定の人種であることによって構築されやすい聴き方の類型を扱っているわけだが、われわれが音楽をどのように聴くかは、生まれ育った土地や母語、世代、嗜好、音楽経験等のさまざまな要素によって異なる。加えて、聴く場所や環境によっても左右される。たとえ同じミュージシャンによる同じ楽曲の同じ録音であっても、それを静かな自室で聴くか、ジョギングをしながらイヤフォンで聴くか、映画やドラマの劇伴音楽として聴くか、あるいは病院の待合室やコンビニエンス・ストアでBGMとして聴くかでは、聴き方は自ずと変わってくるだろう。聴く主体と聴かれる客体との関係性は、聴き手の多様な属性や聴取条件の変化に拠って常に流動的に変化する、というのがロビンソンの論点である。

ポストコロニアル批評の第一人者ガヤトリ・C・スピヴァクは、権力によって抑圧・疎外されて自ら語る術を持たないマイノリティ集団であるサバルタンが、西洋知識人によって代弁されてきたことを痛烈に指摘したが（スピヴァク 一九九八［一九八八］）、マイノリティの声がノイズとして聞き捨てられてきたこともまた、音・音楽研究における関心事のひとつである。声は「差異のメタファー」（Feld and others 2004）であり、権力や文化的アイデンティティと結びつくものとして論じられてきた。かつてミハイル・バフチンは、異なる意識や思想を持つ登場人物の対話によって展開されるドストエフスキーの作品をポリフォニー（独立した複数の声部による音楽）に喩えたが（バフチン 二〇一三［一九二九］）、それを踏まえて同一の主体も複数の声を持ちうることをキャサリン・マイゼルは指摘する。マイゼルは、複数のアイデンティティを持つ歌い手が、抑圧のシステムに抵抗して境界を行き来する状態を**マルチヴォーカリティ**と呼んでいる（Meizel 2020）。こうした動向は、植民地化の影響で発達した、他者である白人の目を通して自己を見ることを黒人に促す**二重意識**について、音楽実践を例に考察する研究とも軌を一にする（ギルロイ 二〇〇六［一九九三］、Webb-Gannon and others 2018 など）。

「非西洋の帝国」である日本に目を向けると、オリエンタリズムのまなざしの対象として、この国はときにセルフ・オリエンタリズム的な自文化表象を率先して引き受けてさえきた。他方で開国後、西洋の音楽理論や技術を急速に輸入し、西洋の規範から逸脱した被支配地域の音楽をプリミティヴでエキゾチックなものととらえる聴き方をインストールした点では、むしろ擬似西洋的な立ち位置で「帝国化された耳」を体得していった。このように、音楽実践を他地域とのネットワークのなかで動態的にとらえ直すためには、その地政学的特性を踏まえ、歴史的・社会的背景に応じた聴取のポジショナリティを絶えず更新するアプローチが有効になるだろう。

葛西周

参考文献

- 金成玟（二〇一四）『戦後韓国と日本文化――「倭色」禁止から「韓流」まで』岩波書店
- ギルロイ、ポール（二〇〇六［一九九三］）『ブラック・アトランティック――近代性と二重意識』上野俊哉＋毛利嘉孝＋鈴木慎一郎訳、月曜社
- サイード、エドワード・W（一九九三［一九七八］）『オリエンタリズム（上）（下）』今沢紀子訳、平凡社
- 申鉉準＋李鎔宇＋崔智善（二〇一六［二〇〇五］）『韓国ポップのアルケオロジー――1960-70年代』平田由紀江訳、月曜社
- スピヴァク、ガヤトリ・C（一九九八［一九八八］）『サバルタンは語ることができるか』上村忠男訳、みすず書房
- 徳丸吉彦（二〇一六）『ミュージックスとの付き合い方――民族音楽学の拡がり』左右社
- 徳丸吉彦＋高橋悠治＋北中正和＋渡辺裕編（二〇〇七）『事典世界音楽の本』岩波書店
- ネトル、ブルーノ（一九八九［一九八五］）『世界音楽の時代』細川周平訳、勁草書房
- バフチン、ミハイル（二〇一三［一九二九］）『ドストエフスキ

ーの創作の問題』桑野隆訳、平凡社
- ボールマン、フィリップ・V（二〇〇六［二〇〇二］）『ワールドミュージック／世界音楽入門』柘植元一訳、音楽之友社
- マキァーネル、ディーン（二〇一二［一九七六］）『ザ・ツーリスト——高度近代社会の構造分析』安村克己＋須藤廣＋高橋雄一郎＋堀野正人＋遠藤英樹＋寺岡伸悟訳、学文社
- Denning, Michael (2015) *Noise Uprising: The Audiopolitics of a World Musical Revolution*, Verso.
- Feld, Steven (2000) "A Sweet Lullaby for World Music," in *Public Culture*, vol. 12, no. 1: pp. 145–171.
- Feld, Steven, Aaron A. Fox, Thomas Porcello, and David Samuels (2004) "Vocal Anthropology: From the Music of Language to the Language of Song," in Alessandro Duranti (ed.) *A Companion to Linguistic Anthropology*, Blackwell Publishing: pp. 321–345.
- Meizel, Katherine (2020) *Multivocality: Singing on the Borders of Identity*, Oxford University Press.
- Nettl, Bruno (1983) *The Study of Ethnomusicology: Thirty-Three Discussions (3rd ed.)*, University of Illinois Press.
- Pratt, Mary Louise (2008) *Imperial Eyes: Travel Writing and Transculturation (2nd ed.)*, Routledge.
- Robinson, Dylan (2020) *Hungry Listening: Resonant Theory for Indigenous Sound Studies*, University of Minnesota Press.
- Slobin, Mark (1993) *Subcultural Sounds: Micromusics of the West*, Wesleyan University Press.
- Stoever, Jennifer Lynn (2016) *The Sonic Color Line: Race and the Cultural Politics of Listening*, New York University Press.
- Webb-Gannon, Camellia B, Michael Webb, and Gabriel Solis (2018) "The "Black Pacific" and Decolonisation in Melanesia: Performing Negritude and Indigenitude," in *The Journal of the Polynesian Society*, vol. 127, no. 2: pp. 177–206.

第1部 — 5 Class

クラス

キーワード KEYWORD

階級意識、カール・マルクス、音楽的時間、サブカルチャー、内包された聴き手、真正性、マックス・ウェーバー、ライフスタイル、ピエール・ブルデュー、分類闘争、象徴闘争、ハビトゥス、文化資本、趣味、定性調査、定量調査、音楽オムニボア、インターセクショナリティ、美的再帰性

「階級《クラス》」は、英語では正確にはソーシャル・クラスと呼ばれ、一九世紀前半に現在の用法が確立する（ウィリアムズ 二〇一一［一九七六］）。階級の基本的な原義は、社会の人びとを二つか、三つの大きな集団（上・中・下）に分類し、上下の関係で人間の世界を見ると同時に、その世界の不平等を告発する意味を持っている。

一八三〇年代の産業革命が進んだイギリスにおいて、労働者階級は資本家階級に対して「やつらと俺たち」という対立的な意識を形成した（トムスン 二〇〇三［一九六三］）。生活と労働の条件の近い者同士を同じ階級だととらえて、支配階級に対する闘争を起こす労働者の**階級意識**は、**カール・マルクス**の著作『資本論』（一九六九［一八六七］）とともに、二〇世紀には世界中に広がった。しかし、このような階級意識は二〇世紀後半には減退していく。一九六〇年代には公民権運動によって人種差別の意識が、フェミニズム運動によってジェンダー差別への意識が台頭し、階級差別以外の社会の不平等が意識される

ようになった［↓1-6 ジェンダー／セクシュアリティ、1-7 レイス］。一九七〇年代には、先進国ではサービス産業が台頭し、マルクス主義がイメージしていたような工場労働者の数は減少し、人びとの消費生活が以前よりも豊かになり、総中流意識が広がる。新自由主義政策は労働組合を切り崩し、階級という集団の意識よりも「個人化」と言われる意識が強くなった。現実として階級社会は続いているが、階級意識は変化していく。ポピュラー音楽はこの時代の変化のなかでどのように階級と関わるのだろうか。

ポピュラー音楽のテクストのなかの階級

まずは音楽作品のなかに直接に労働者階級が描かれたケースを考えてみよう。ザ・クラッシュやトレイシー・チャップマン、B・B・キングなどロックやブルースにおいて事例は多くあるが、たとえば、ブルース・スプリングスティーンの〈ファクトリー〉（一九七八）はどこか懐かしさを感じさせる柔らかいサウンドで、工場へ毎日働きに出ていった父親のかつての姿を歌う。フォークにおけるプロテスト・ソング（日本では六〇年代の関西フォークなど）には、政府や支配階級に対する抗議の歌として労働者階級を描く歌がある。また反戦歌には、戦争で前線に立たされるのは労働者階級であるという点から、広義には労働者階級に関わる歌もある（最新のものとしては七尾旅人『兵士A』（二〇一六）など）。

このように、最初に考えられるのは作品のテクストのレベルにある階級の表象である。ただし、一般に芸術の制度では、自律したテクスト内の表象だけを問題にするのに対して、社会現象としてのポピュラー音楽は、テクスト外にある文脈と強く関係する。たとえば、労働者階級を描いた歌を聴いたのは誰だったのか？　それは労働者階級だけだったのか？　ポピュラー音楽は労働者階級の意識にどのように働きかけるものなのか？

社会学のなかには、ポピュラー音楽の聴き手をめぐる状況の調査をしたものがある。たとえば、一九六〇年代に英国労働者階級の若者へエスノグラフィー調査を行ったポール・ウィリスは、彼らがバイクと五〇年代の古いロックンロールを好み、その音楽は仲間とダンスをするためのものとして、あるいはその速いビートは「家でじっとしているよりも」ハイスピードのバイクで街中へと飛び出していく高揚感を作り出すために働く様を描いた（ウィリス 一九九六［一九七八］）。

音楽社会学者のティア・デノーラは、言語や視覚とは異なって、音楽だけが固有に作り出す時間を**音楽的時間**と呼び、その時間が作り出す固有な身体の状態と社会活動を、音楽が影響を与えるテクスト外の文脈として提示した。デノーラは、ウィリスの例を取りあげ、ロックのビートが、バイクに乗り出していく興奮した身体の状態や仲間とダンスをする社会活動を形成するうえで不可欠な働きをしていると言う（DeNora 2017）。このようにポピュラー音楽を介してバイク乗りやダンスへの熱中として具体化する若者たちの**サブカルチャー**は、中産階級の子弟とのあいだに差異を形成し、「やつらと俺たち」という階級意識を形成することに貢献する。

ウィリスやデノーラの事例は、テクスト内の階級とテクスト外の階級を区別しながら、両者のあいだを接合する関係、あるいは相同性の関係として成立する関係を探求している。ポピュラー音楽における階級は、テクスト内とテクスト外という二つの様態があることを確認したうえで、次は演者と聴衆の階級をめぐる複雑な事例について見ていこう。

ポピュラー音楽とパフォーマティヴな階級

ポピュラー音楽学者のネイサン・ワイズマン＝トラウズは、『Performing Class in British Popular Music』という著作のなかで、ポピュラー音楽と聴き手の関係をめぐる複雑な事例として、英国ロック・バンドのパルプの〈コモン・ピープル〉（一九九五）を分析している（Wiseman-Trowse 2008）。まず、この曲名は労働者階級を示している。歌詞を書いているヴォーカルのジャーヴィス・コッカー自身は、労働者階級の隣人に囲まれながら、豊かな中流階級の家庭で育った。この事例は、スプリングスティーンの例とは違って、作者が自分の出身階級とは異なった階級を描いた事例である。

この曲では、中流階級の女性が普通の人びと《コモン・ピープル》のように生きたいと労働者階級への転身を願望するが、歌い手（コッカー自身と想定される）は、そういった転身を安易な同化願望あるいは観光客的な覗き見の興味にすぎないとして茶化していくやり取りが曲の中心を成す。歌い手による「何の意味もなく、自分で制御することもできずに生きていくことがどんな感覚なのか、あんたにはわからないだろう」というフレーズによって、歌い手は労働者階級の生活の辛さをその女性に語りかけ、その生活を肯定していると見ることができる。しかし一方で、この歌は、労働者階級の生活をあまりに辛いもの・惨めなものとして描いてしまっているとも解釈できる。コモン・ピープルのなかで暮らしたいとする女性は労働者階級を肯定的なものと見ているようで、じつはあまりよく知らずに理想化してしまっている。他方で、歌い手は、その女性の無知を告発するが、そのために労働者階級の生活をあまりに厳しいものとして描き、一面的な描写に陥ってしまう。この楽曲のサウンド自体は楽天的なパーティー・チューンとして構成されており、ヒット曲として表層的にはコモン・ピープルに対する祝福のサウンドとして楽しむことができるようになっている。

ワイズマン＝トラウズは、ヴォルフガング・イーザーの提唱した、現実の読者のことではなく、文学テクストそのものに読者の役割やイメージ上の読者が組みこれているという概念「内包された読者」（イーザー 一九八二［一九七六］）をもじって、ポピュラー音楽の作品が作られた時点で想定されている聴き手を「**内包された聴き手**」と呼ぶ。歌い手が楽曲のテクストのなかで想定している聴き手は、女性であったり、労働者階級であったりとさまざまでありうるが、ワイズマン＝トラウズがこの概念を通じて主張するのは、たとえば女性に向けて作られた歌を男性が楽しむという交差的な経験がありうるということだ。したがって、労働者階級出身の歌い手が労働者階級に向けて作った歌であっても、中流階級の聴き手が楽しむことはありうる。実際に一九九五年、非常に高いチケット代から推察されるに労働者階級が主体ではないグランストンベリー・フェスティヴァルの観客において〈コモン・ピープル〉の合唱が起こったことは彼はこのケースに当たるとしている。

ワイズマン＝トラウズの議論は、ポピュラー音楽の作品における階級表象がいかに複雑な関係を結びうるのかを示す理論的な見取り図を与えてくれる。彼は自分の議論をまとめて、ポピュラー音楽における階級表象は、現実の生きた経験や社会関係をそのまま伝えるものというよりも、「階級の**真正性**を接合する」ことのほうに本質があるとする。彼によれば、同時期にヒット曲を出したロック・バンドのオアシスは〈シガレット・アンド・アルコール〉（一九九四）で「煙草と酒しかない」労働者階級としての出自の真正性を苦もなく聴衆に受け入れさせたが、パルプは出自の真正性という点では苦労したとする。彼は、プリズムという表現で、ポピュラー音楽が現実の階級そのものを映すというよりも、その現実のなかからいくつかの要素を選び出し、切り取り、構築することで階級を表現するとし、そのプリズムは、作り手・メディア・聴き手の三者関係のなかで生じるとしている。

ワイズマン゠トラウズは、以上のような分析を、階級についての実在的な水準ではなく、ジュディス・バトラーの言うパフォーマティヴな水準にあると述べる。パルプの事例は、演者自身が労働者階級出身であるかのように振る舞ったり、テクストのなかに階級の現実を切り取って表現するといった、パフォーマティヴな水準の階級に関わるものであった。ポピュラー音楽は階級の現実を直接的に反映するのではなく、作り手・メディア・聴き手が形成するプリズムを介して、ある要素を切り取り、構築することで、屈折させた形でそれを表現するものであるというのが彼の見解である。しかしながら、その屈折の元には、現実の階級の生活がある。では次は実在的な階級から見たポピュラー音楽について見ていこう。

実在的な階級の理論

実在としての階級は、経済学や社会学などの社会科学のなかで議論されてきた。この議論は、テクスト外の階級として、ポピュラー音楽の聴衆を階級という視点からとらえることに関わる。どの階級がどのようなポピュラー音楽を聴いているのか？　ポピュラー音楽は階級の形成に影響するのか？　このことを考えるために、まずは代表的な階級を見る視点を、マルクス、ウェーバー、ブルデューの階級理論から整理しよう。

一九世紀ドイツの哲学者・経済学者カール・マルクスとフリードリッヒ・エンゲルスの階級理論はもっとも基礎的な理論であり、資本主義社会は、剰余利潤を得る資本家と自身の労働力を売って暮らすしかない労働者の二大階級が基礎的な階級になるとし、経済的な要因から階級を区別する視点を与えた（マルクス＋エンゲルス 一九五一［一八四八］）。

二〇世紀ドイツの社会学者**マックス・ウェーバー**は、階級を経済的な要因で見るマルクスの見方を継承しつつ、社会階層は文化的な要因からも形成されるととらえた。彼は、教育水準、宗教、芸術の趣味といった文化的な要因による地位の大小を身分と呼び、経済による階級と文化による身分を組み合わせて、社会階層と呼び、文化的な要因による階層の違いは、「**ライフスタイル**（生活様式）」の違いとして現れるとした（ウェーバー 一九七〇［一九五六］）。

二〇世紀フランスの社会学者**ピエール・ブルデュー**は、両者の議論を統合した。彼は、階級を構成する要因は資本とハビトゥスであるとした。マルクスやウェーバーが階級を経済的な次元で見ていたのに対して、彼は資本を経済的な次元以外の資本にまで拡張し、経済資本だけでなく、文化資本、社会関係資本、象徴資本が階級を構成し、かつハビトゥスという幼少期からの生活条件のなかで獲得され、その後のあらゆる行為を生成する基盤となる無意識の図式であり、身体のレベルで働く要因が階級を構成するとした（ブルデュー 一九九〇［一九七九］）。

これらの階級理論の整理は、テクストやパフォーマティヴな次元の分析にも有効である。経済的な次元の階級として、たとえばトレイシー・チャップマンの〈ファスト・カー〉（一九八八）では、「ほんの僅かなお金をなんとか貯めようと私はコンビニエンス・ストアで働いていた」という黒人女性の主人公と解釈される状況を描いたフレーズにそれを見ることができる。ライフスタイルとしての階級として、先のパルプの〈コモン・ピープル〉には「お店の上のアパートを借りて……巻き煙草を吸い……」という労働者階級の生活の描写がある。身体の次元の階級として、オアシスのリアム・ギャラガーがFワードを多用したり、労働者階級の英語のアクセントをインタヴューや歌唱において強調したりする、身体レベルの振る舞いで成立している労働者階級の出自の真正性の獲得がある。

このようなテクストとパフォーマンスの次元以上に、実在的な階級の理論は、おもにポピュラー音楽の聴衆をめぐる状況に関わるといえよう。階級が、ただ経済的な次元だけでなく、ライフスタイルや身体のレベルにおいても形成されているとすれば、ポピュラー音楽はライフスタイルや身体の構築を介して階級形成に関わっていることになる。

ブルデューはまた、**分類闘争**および**象徴闘争**という概念も提示している（ブルデュー 一九九〇［一九七九］）。ある音楽を好むことは上の階級に属するのか、それとも下層性を示すのかどうか、こういったことは人を見下すことに関わりうるためにおおっぴらに話されることがないにもかかわらず、誰しもが社会の人びとを内心で暗黙に分類することで闘争を行っており、この次元にも階級がある、とブルデューは新しい階級理論を与えた。

文化資本と**趣味**というブルデューの概念は、階級の分析で身体という視点が重要だということを示している良い例だ。彼の言う趣味とは、英語で言うテイストに当たり、食事、スポーツ、芸術などのあらゆる実践領域において判断を行うときに働くその人の好みやセンスのことを指す。ブルデューを応用したサラ・ソーントンは、クラブ音楽の世界を調査し、DJたちがクールなレコードの趣味や知識の深さをめぐって互いに争っている様を文化資本をめぐる闘争ととらえた（Thornton 1995）。ちょっとしたグルーヴの違いの認識は、頭で行われるというよりも、多くの音楽に触れることで、身体のレベルでそれを知覚できるようになることで達成される。音楽は知識のレベルよりも身体のレベルで働くものであるから、音楽の知覚の仕方が階級ごとに大きく異なれば、まさに音楽を通じても階級が形成されていることになる。「音楽の趣味ほど自分の属する「階級」があらわになり、それを通して避けようもなくある階級に分類されてしまうものもない」（ブルデュー 一九九〇［一九七九］、I、三〇）。ブルデューは、身体と文化資本のレベルでの階級が、じつは幼少期に質の高い音楽や楽器に触れるような余暇時間や経済的余裕のある家庭であったことが影響しているというところまで分析を伸ばしていく。彼が支配階級の「美的性向」と呼ぶものは、どの音楽が好きかという個別の好みの差異を超えて、有用性とは無関係にそれと戯れる態度である。

ポピュラー音楽のテクスト内における階級表象では、プリズムが現実の階級からは引き離して、楽しく参与できる下層階級の世界を構築してくれるものであるが、テクスト外における実在的な階級の分析は、身も蓋もない現実を突きつける。

聴衆の社会調査を超えて

ポピュラー音楽の聴衆の調査方法には、ウィリスの例で示したようなインタヴューやエスノグラフィーを用いた**定性調査**と、ブルデューが用いたような質問紙による統計調査を利用した**定量調査**がある。定量調査は、性別、年齢、学歴、年収、職業ごとにどういう属性の人がどのような音楽を好んでいるかを網羅的に調査することができる。

ブルデューに影響を受けたトニー・ベネットらは、二〇〇〇年代のイギリスを調査して、詩や文学も楽しみ、美術館やコンサートに通う人の音楽趣味とテレビを中心に文化に触れる人の音楽趣味が体系的に大きく異なり、階級の差異を作っていることを示した（ベネットほか二〇一七［二〇〇九］）。近年の調査では、音楽社会学者のリチャード・ピーターソンが主張した**音楽オムニボア**（雑食性）の概念が重要になっている。これは多く音楽ジャンルに精通している人（音楽オムニボア）とひとつの音楽ジャンルだけを好む人（音楽ユニボア）のあいだに社会階層の違いを見る議論である（Peterson and Simkus 1992）。これらの議論は統計調査によって進んでいるが、ポピュラー音楽が生活や社会活動のなかで果たしている役割を正確にとらえるには、ウィリスやデノーラが行ったような音楽の現場に足を運ぶエスノグラフィー調査が必要である。

このように社会調査が階級を単純な経済的な水準だけでなく、多様な水準からとらえて、同じ労働者階級のなかにある職業や世代ごとに微細な違いをとらえていっている一方で、ポピュラー音楽が個人的な差異よりも集団的なアイデンティティを構築し、大きな社会の流れを生む事例を扱っている研究もある。

パトリシア・コリンズとスルマ・ビルゲは、『**インターセクショナリティ**』のなかで、刑事司法学者のディミトリ・ボガジアノスの著作を取りあげ、一九九〇年代のヒップホップのラッパーたちは黒人の若者を麻薬常用者や犯罪者とみなす社会的偏見に挑み、麻薬に対して距離を取るアインデンティティの構築に成功し、麻薬を題材に取り入れたラップが実際には犯罪率を低下させ、公共政策に影響を与えたという事例を紹介している（コリンズ＋ビルゲ 二〇二一［二〇一六］、二五〇）。

スコット・ラッシュとジョン・アーリは、文化産業が流通させるポピュラー音楽は、**美的再帰性**における主体と客体という二つのあり方があるとしている（ラッシュ＋アーリ 二〇一八［一九九四］、一一二）。街中でアーティストTシャツを着ている人を見かけて、そのTシャツをその人を分類するためのアイテムのように扱っている時、それは美的客体である。これは客体のまま解釈の対象にとどまる寓話（アレゴリー）に重なる。一方で、美的主体としてのあり方は、音楽そのものが自分の内面を形成し、刺激し、行動を生み出す状態を指す。この場合、音楽はその人を主体へと変化させる象徴（シンボル）である。一九世紀の哲学者や芸術家たちにとって、象徴は概念や理論などの難しい媒介を経ずに、直接に普遍に到達させ、主体を形成するもののことであった（前掲、第三章）。ポピュラー音楽が象徴として階級に関わる場合には、人びとを変え、社会を変える大きな力になるかもしれない。ポピュラー音楽は、寓話的な美的客体として階級の印となるだけでなく、象徴的な美的主体として、階級を形成し、大きな社会の流れを生む要因にもなりうるのである。

平石貴士

参考文献

- イーザー・ヴォルフガング（一九八二［一九七六］）『行為としての読書――美的作用の理論』轡田収訳、岩波書店
- ウィリアムズ、レイモンド（二〇一一［一九七六］）『完訳キーワード辞典』椎名美智＋武田ちあき＋越智博美＋松井優子訳、平凡社
- ウィリス、ポール（一九九六［一九七八］）『ハマータウンの野郎ども――学校への反抗・労働への順応』熊沢誠＋山田潤訳、ちくま学芸文庫
- ウェーバー、マックス（一九七〇［一九五六］）『支配の諸類型』世良晃志郎訳、創文社
- コリンズ、パトリシア＝ヒル＋スルマ・ビルゲ（二〇二一［二〇一六］）『インターセクショナリティ』小原理乃＋下地ローレンス吉孝監訳、人文書院
- トムスン、エドワード・P（二〇〇三［一九六三］）『イングランド労働者階級の形成』市橋秀夫＋芳賀健一訳、青弓社
- ブルデュー、ピエール（一九九〇［一九七九］）『ディスタンクシオン――社会的判断力批判』石井洋二郎訳、藤原書店
- ベネット、トニーほか（二〇一七［二〇〇九］）『文化・階級・卓越化』磯直樹＋香川めい＋森田次朗＋知念渉＋相澤真一訳、青弓社

- ヘブディジ、ディック（一九九九［一九七九］）『サブカルチャー――スタイルの意味するもの』山口淑子訳、未來社
- マルクス、カール（一九六九［一八六七］）『資本論』向坂逸郎訳、岩波書店
- マルクス、カール＋フリードリッヒ・エンゲルス（一九五一［一八四八］）『共産党宣言』大内兵衛＋向坂逸郎訳、岩波書店
- ラッシュ、スコット＋ジョン・アーリ（二〇一八［一九九四］）『フローと再帰性の社会学――記号と空間の経済』安達智史＋中西眞知子＋清水一彦＋川崎賢一＋藤間公太＋笹島秀晃＋鳥越信吾、晃洋書房
- DeNora, Tia (2017) , “The musical composition of social reality? Music, action and reflexivity,” in *Music-in-Action: Selected Essays in Sonic Ecology*, Routledge.
- Peddie, Ian (2022) , *The Bloomsbury Handbook of Popular Music and Social Class*, Bloomsbury Publishing.
- Peterson, Richard A. and Albert Simkus (1992), “How Musical Tastes Mark Occupational Status Groups,” Michelle Lamont and Marcel Fournier (eds.), in *Cultivating Differences*, Chicago University Press.
- Thornton, Sarah (1995), *Club Cultures: Music, Media, and Subcultural Capital*, Wesleyan University Press.
- Wiseman-Trowse, Nathan (2008), *Performing Class in British Popular Music*, Palgrave Macmillan.

第1部｜6 Gender/Sexuality

ジェンダー／セクシュアリティ

キーワード KEYWORD

フェミニズム、生物学的性差、ジェンダーバランス、不平等、性暴力連続体、男権主義、庶民性、処女性、性の商品化、戦闘美少女、母性、アイデンティティ、エージェンシー、逸脱、擬態、かわいい

ポピュラー音楽とジェンダーをめぐるさまざまな視座

ポピュラー音楽をジェンダー批判的視座から考察するアプローチは七〇年代後半から発展してきた。ジェンダーとは、**生物学的性差**（いわゆるセックス）と異なり、社会文化的な要因により規定される性差というのが一般的な定義である。ポピュラー音楽研究の文脈においては、このジェンダー観に基づく規範生成が、男性視点からの社会的・経済的・美的な階層化の根幹を成しているとされてきた。

音楽界において、女性を表現活動の主体として再考する研究は多い。クラシック音楽研究では、音楽史のなかで軽視し忘れ去られた女性作曲家たちを「再発見」することを端緒に、彼女たちを取り巻く歴史・社会的背景の再解釈を試みるものが多いが、ポピュラー音楽研究においては、音楽産業界に構造化する**ジェンダーバランス**の**不平等**性を可視化させ、その主体性をさぐる作業が中心的である。主体性に

ついての議論は後述するが、近年ではジェンダー不平等の構造を史料調査とフィールドワークによって分析する研究が見られる（Leonard 2007, Buscatto 2007 など）。これらの調査ではみな、ジェンダーをめぐる議論は単に男性が女性を支配するという図式に回収されるのではなく、ジェンダー概念に基づく社会的・芸術的規範が不可視性を持ち、ゆえに普遍的なものとなっているという、より重層的で交錯した構造があり、その構造を解明する必要があるという点が指摘されている。

さらに、ジェンダー不平等の議論からジェンダーに基づく暴力をめぐる議論も発展してきた。この視座はリズ・ケリーが一九七八年、女性の性的苦痛の経験を法的な性的暴行の定義に留めるのではなく、社会構造に埋め込まれた力関係としてとらえるべきであるとして唱えた、「**性暴力連続体**」（ケリー 二〇〇一［一九八七］）という概念に依拠するところが大きい。この概念は、ポピュラー音楽界において個人の心身が受けうる苦痛とその構造をジェンダーやセクシュアリティの視点から批判的に考察するという意味において重要な手がかりとなり、この観点からアート界、音楽界のジェンダー構造を再考する研究が進められている（内藤 二〇二一 など）。

表象研究とジェンダー

ジェンダーを軸とした視座はポピュラー音楽の表象研究においてはつねに取りあげられてきたテーマだといえる。七〇年代よりすでに、ポピュラー音楽、とくにロック界では**男権主義**的な表象が蔓延し、女性アーティストの創造性を矮小化する男性視点のアーティスト解釈が支配的であったことが指摘されている（Frith and McRobbie 1990, Cohen 1997 など）。音楽業界や音楽メディア、あるいは歌詞表現やパフォーマンスそのものにおけるジェンダー規範に基づく表象を批判的に考察したものも年々増えつつある。日本のポピュラー音楽研究に関していえば、九〇年代後半から二〇〇〇年代前半はロック・シーンにおけるジェンダー表象の研究なども見られたが（北川編 一九九九、井上ほか 二〇〇三）、日本における**フェミニズム**へのバックラッシュもあり二〇一〇年代後半までその発展は見られなかった［↓1-1 ポピュラー］。一方でアイドルの表象について言及しているものは多々ある（稲増 一九八九、太田 二〇一一、Galbraith and Karlin 2012 など）。その多くが「**庶民性**」や「**処女性**」といった表象を女性アイドルに見出しており、それは虚構の親近性や、女性身体の清純さを強調したジェンダー観（アイドルすべてが両方の要素を保持しているわけではない）に端を発するわけだが、奇妙なことにジェンダー批評的なアプローチは未だ少ないのも事実である。その意味で、近年の、アイドル表象に内在する「**性の商品化**」（香月ほか 二〇二二）に関する分析は注目に値するだろう。

親近性や処女性だけがポピュラー音楽界における性的表象ではない。すでに数々の研究者が指摘しているように、日本のポピュラーカルチャーにおける支配的な女性表象のひとつとして斎藤環の提唱した「**戦闘美少女**」（斎藤 二〇〇〇）が挙げられる。斎藤によれば、正義のために戦う美少女は、未熟性・純粋性を象徴する「少女」でありながら戦闘能力も持ちうる「ファリック・ガール」である。藤森佳代子はこの戦闘美少女像に、子孫を護る主体として本質化された「**母性**」の表象を包含した両義的な女性表象を見ている（藤森 一九九九）。この「戦う女性」といった救世主としての女性表象が、ポピュラー音楽の領域でも遍在しているのである。たとえば、国民的歌手である美空ひばりは、敗戦し絶望感や敗北感の只中にいた日本人を「流行歌」という日本歌謡の要素も含んだ表現方法で鼓舞し、社会を活気づけたとされている（Chujo and Wartelle-Sakamoto 2012）し、「応援」という（現代でいう「推す」といわれるような）行為を媒介してファンとともに承認欲求を満たし合う「相互的な共同性」（内藤 前掲）によって成り立っている近年の女性アイドルなども、美空と同じ社会的位置にあると言っていい。この視点は、今後の日本のポピュラー音楽界におけるアイドルや女性歌手の社会的位置づけを考えるうえで重要である。米国では「闘う女性」像としてよくビヨンセやレディ・ガガ、テイラー・スウィフトなどが挙げられるが、日本のポピュラー音楽界において闘う女性は若く、かつ母性に満ちた主体である。この記号化された表象が反復され、引用され、参照されることにより、その規範は確固たるものとして社会に浸透してきたといえる。

主体性とエージェンシー

こういった女性身体のモノ化されたような表象は現代日本において広く受け入れられてきたわけだが、女性アーティストたちがそのような表象の憫然《びんぜん》で不幸な被害者かというと、必ずしもそうとは言えず、その様相はもう少し複雑である。前述のようにジェンダー規範は社会的な構築物であり、個人は自らと社会におけるジェンダー規範との相違を内面化しながら**アイデンティティ**を確立している。だがそうであるからこそ、その相違のなかに逸脱を見出すことも可能になる。

このエ**ージェンシー**、**逸脱**（transgress）という観点から女性アーティストの主体性をジェンダー的視座から分析し、ジェンダー規範に回収されそうな音楽表現におけるアーティストたちの戦略的交渉と言えるような創作・表現活動を考察している研究も少なからず存在する。マドンナに関する研究がその先駆と言えるだろう。マドンナの表現方法は直球ではなく、彼女自身があえて歌詞の真意を語ることはほとんどない。代わりに、MVのなかで物質社会に生きる女性を演じ、家父長的価値観に苛まれる女の子を演じる［↓2−5 映像］。彼女は当事者となる女性たちを「**擬態**」（湯浅二〇〇六）することで、その表象を大衆に問いかける。マドンナは若年の女性層に、彼女たちの女性としてのセクシュアリティは自らの身体に適合するものであり、それに対し自ら決定権を持つものである（他人により決定づけられる、すなわち自然化・モノ化されるものではない）、ということに気づく機会を与え（Fiske 1987）、支配的文化のなかの規範形成に対する対抗的姿勢を提示した（Kaplan 1993）。マドンナの提示した少女の表現形態は以降、PJハーヴェイやコートニー・ラヴなどのいわゆる西欧の女性ミュージシャンの表現方法のプロトタイプとなる（Burns & Lafrance 2002）。さらに九〇年代後半からは、「**かわいい**」というような形容をされる少女像を「Girlhood」というひとつのアイデンティティとして掲げる「女の子たち」が中心となって起こったパンク社会現象、ライオット・ガール（Riot Grrrl）がパンク・シーンに登場する（中條二〇一二）。

英語圏の西洋においてはこういったジェンダー批判的視座からの表現、そしてそれにともなうポピュラー音楽研究が積極的に行われている一方で、日本においては前述の通り近年まであまり注目されてきたとはいえない。もちろん、(意識の如何にかかわらず)ジェンダー批評的な表現を行うアーティストは存在する。八〇年代に登場した小林万里子はフェミニストを公言する女性シンガーであったし、同時期、フェミニストという立場は否定しながらも、表現を通じてジェンダーやセクシュアリティの議論を提示した戸川純の試みは注目に値する。九〇年代においては椎名林檎の表現(西村 二〇二一)が(強調するが本人の意図とは関係なく)、戸川よりも両義的な様相ではあるが、それが逆説的にセクシュアリティや母性への社会的規範に一石を投じている。そして近年では、より積極的に音楽を通してジェンダーを問うあっこゴリラなども登場しているし、アイドルに主体性を見出せる可能性も出てきた(田島ほか 二〇二二)。

とはいえ、マドンナやビヨンセと比較して、日本の女性ミュージシャンの主体性は、その表象からはいささか見えにくい。ファンとの共同性をもって主体性を培うアイドル歌手たちは、マドンナやビヨンセのように自らの身体表象をもって聴衆に「問いかける」というよりは、自らの身体を代償とすることによって、弱いものを愛でる価値観に基づく聴衆の期待の受け皿となり、その救済をしているといえる。つまり、日本のアイドルや女性歌手が求めるかわいらしさの表象は、一方でその可塑性・多様性を提示しつつも、もう一方ではジェンダー規範に基づく支配・被支配と共謀する構造を保存し、アーティストたちの身体を積極的に「従属(assujetti)」させるという意味での、ミシェル・フーコーの言うところの生権力による「主体化(a-sujettissement)」を生成しているとも見てとれるのである。この両義性は、二〇一〇年代に登場した大森靖子や和田彩花などのアーティストによって体現されている。自らをフェミニストと自認する和田は時代のなかで変化するアイドルのエージェンシーを追求する。一方で大森は現代の日本社会に蔓延するルッキズムやエイジズムなどのジェンダー観のなかでの女性たちの葛藤や逸脱をうたい、またその視点から自らの手でアイドルをプロデュースしながら試行錯誤を繰り返している。ポピュラー音楽界、あるいは日本社会における女性の立場についての議論を自問するこれらのアーティストたちは、歌詞やパフォーマンスのみならず音楽表現以外での発言や対話を通じて、硬化したジェンダー規範における対抗的な試みの可能性を追求している。

ある表象が社会に受け入れられ再生産される構造には、必ずその表象が普遍性をもつ何らかの手続きや装置がある。女性ミュージシャンやアイドルたちの表象の所在を主体性の問題にのみに集約すると、重要な側面を見逃してしまう。大森や和田のようなアーティストは、その台頭と存在自体に、現代の日本のポピュラー音楽界におけるジェンダーの力学が表象する存在とみなすことも可能である。また、本項では女性による音楽表現をおもに取り扱ったが、男性性についての先行研究も存在する(Nagatomi 2019)。この議論も今後さらに展開されていく必要があるだろう。

中條千晴

参考文献

- 稲増達夫(一九八九)『アイドル工学』筑摩書房
- 井上貴子、森川卓夫、村田尚子、小泉恭子(二〇〇三)『ヴィジュアル系の時代——ロック・化粧・ジェンダー』青弓社
- 太田省一(二〇一一)『アイドル進化論——南沙織から初音ミク、AKB48まで』筑摩書房
- 小倉千加子(二〇一二)『増補版　松田聖子論』朝日新聞出版
- 香月孝史+上岡磨奈+中村香住編著(二〇二二)『アイドルについて葛藤しながら考えてみた——ジェンダー/パーソナリティ/〈推し〉』青弓社
- 北川純子(一九九九)『鳴り響く性——日本のポピュラー音楽と

ジェンダー』勁草書房
● 斎藤環（二〇〇〇）『戦闘美少女の精神分析』太田出版
● 田島悠来編著（二〇二二）『アイドル・スタディーズ――研究のための視点、問い、方法』明石書店
● 中條千晴「ジェンダーの視点からポピュラー音楽を読み解く」田中東子編著『ガールズ・メディア・スタディーズ』北樹出版
● 内藤千珠子（二〇二一）『「アイドルの国」の性暴力』新曜社
● 西村紗知（二〇二一）「椎名林檎における母性の問題」、『すばる』二月号、集英社、一五四－一七五頁
● バトラー、ジュディス（一九九九［一九九〇］）『ジェンダー・トラブル』竹村和子訳、青土社
● 藤森佳代子（一九九九）「ディズニー・アニメーションとフェミニズムの受容／専有」http://www.aynrand2001japan.com/reports/report2_5.html（二〇二二年六月一六日アクセス）
● 湯浅学（二〇〇六）「マドンナの利」、『ユリイカ　特集＝マドンナ』二〇〇六年三月号、青土社、一二七－一五七頁
● ケリー、リズ（二〇〇一［一九八七］）「性暴力の連続体」、ジャルナ・ハマー＋メアリー・メイナード編『ジェンダーと暴力――イギリスにおける社会学的研究』堤かなめ監訳、明石書店
● Burns, Lori, and Mélisse Lafrance (2009) *Disruptive divas: feminism, identity & popular music*, Routledge.
● Buscatto, Marie (2007) *Femmes du jazz: musicalités, féminités, marginalités*, CNRS éditions.
● Chujo, Chiharu and Wartelle-Sakamoto, Clara (2021) "L'hyperféminisation des chanteuses japonaises : *shôjo kashu et aidoru*", Transposition [En ligne], 9 | 2021, DOI : https://doi.org/10.4000/transposition.5910（二〇二二年六月一六日アクセス）
● Cohen, Sara, (1997) "Men Making a Scene: Rock Music and the Production of Gender," in Sheila Whitely (ed.), *Sexing the Groove: Popular Music and Gender*, Routledge: pp. 17–36.
● Fiske, John (1987) "British Cultural Studies and Television," Robert C Alle (ed.), *Channels of Discourse*. University of North Carolina Press: pp. 254–290.
● Frith, Simon and Angela McRobbie (1990) "Rock and Sexuality," in *On Record: Rock, Pop and the Written Word*, Routledge.
● Galbraith, Patrick W. and Jason G. Karlin (eds.) *Idols and Celebrity in Japanese Media Culture*, Palgrave Macmillan.
● Kaplan, E. Ann (1993) "Madonna Politics: Perversion, Repression, or Subversion? Or Masks and/as Mastery?" in *The Madonna Connection*, Westview Press: pp. 149–166.
● Kearney, Mary Celeste (2017) *Gender and rock*, Oxford University Press.
● Leonard, Marion (2007) *Gender in the music industry: rock, discourse and girl power*, Routledge.
● Nagatomi, Mari (2019) "Proletariats or Merchants of Death?: Transnational Cowboys and the Crisis of Japanese Communists' Masculinities in the Early 1960s," in *Doshisha American Studies* 55: pp. 31–55.
(International Institute of American Studies, Doshisha University)

第1部―7 Race

レイス

キーワード KEYWORD
人種、社会的構築物、アイデンティティ、ミンストレル・ショー、ステレオタイプ、黒人性、白人性、文化盗用、真正性、制度的人種差別、黒人／白人二元論、戦略的反本質主義

社会的構築物としての人種

ポピュラー音楽の研究に携わる社会学系、歴史学系、文化理論系の研究者の大半は、**人種**《レイス》を生物学的な概念ではなく、**社会的構築物**（social construction）と考えている。かつてはアカデミズムのなかでも人種は生物学的な概念であった。肌の色をはじめとする遺伝的特徴に基づいて人類を分類し、優劣や序列をつける人種の概念は、西洋諸国によるアフリカ、アジアの植民地支配の拡大に呼応して疑似科学的な承認を与えられ、黒人奴隷貿易、黒人奴隷制度の正当化に利用されてきた。一九世紀半ばに奴隷制度は終焉したが、人種間に遺伝的な優劣があるという考えは、西洋諸国とその植民地における非白人への差別的、抑圧的処遇を正当化しつづけた。二〇世紀後半に入って世界的に脱植民地化が進み、アメリカの公民権運動、南アフリカでの反アパルトヘイト運動に代表される反人種差別運動が広がると、遺伝的形

質による人間集団の分類や序列化に生物学的な根拠が乏しいことが広く認識されるようになった。

現在、人種は遺伝的形質それ自体ではなく、遺伝的形質を理由に社会の主流から受ける差別や抑圧的待遇の経験と記憶を集団的に共有することで作られる**アイデンティティ**であると理解されている。社会的構築物であるから、時代によって、地域によって可変的である。また、人種は階級〔↓1－5クラス〕やジェンダー／セクシュアリティ〔↓1－6ジェンダー／セクシュアリティ〕などの他の属性と並び、あくまでアイデンティティを複合的に構成する諸要素のひとつである。

ミンストレル・ショー——ポピュラー音楽による人種構築の原型

二〇世紀に世界を席捲したアメリカのポピュラー音楽産業は、長らく音楽のもつ身体性、官能性を解放して新しい表現を創造する役割を黒人に、その表現を商業的成功につなげる役割を白人に与えてきた。ジャズの王様はルイ・アームストロングではなくポール・ホワイトマンであり、スイングの王様はカウント・ベイシーではなくベニー・グッドマンであり、ロックンロールの王様はチャック・ベリーではなくエルヴィス・プレスリーであった。ポピュラー音楽産業は、黒人と白人に関する社会通念の構築と伝播に参画し、不平等な人種関係を正当化してきた。その原点といえるのが一九世紀半ばのアメリカで大流行した**ミンストレル・ショー**である。このアメリカにおける最初の国民的エンターテインメントは、白人の演者がブラックフェイスと呼ばれる顔面を黒く塗るメイクを用いて黒人に扮し、南部の奴隷制プランテーションに暮らす黒人奴隷の忠実な模倣とされる歌唱、楽器演奏、ダンス、コメディー、寸劇などを披露する舞台芸能であった。ニューヨークを中心に北部主要都市の白人労働者階級の間で熱狂的な人気を集め、人気のミンストレル・ショー楽団は一八四〇年代にはロンドンやパリなどヨーロッパの主要都市にも遠征するようになった。

真っ黒な顔、真っ赤な唇のグロテスクなニセ黒人が歌い踊る芸能の何がそれほどまでに人びとを魅了したのだろうか。「愛と窃盗（Love and Theft）」と題されたアメリカ文化史研究者のエリック・ロットによる研究は、ミンストレル・ショーの黒人**ステレオタイプ**の生産と消費は、主要な観客であったアイルランド系の移民労働者たちが「白人」というアイデンティティを獲得して白人成年男子普通選挙制に参加する過程と一体のものであったと論じた（Lott 1993）。ステージ上の黒人たちは、市民に必要な知性と道徳性に欠け、産業資本主義労働者に必要な身体的規律に欠ける。それゆえ彼らは奴隷身分に相応しいが、身体と感情を理性で抑制されず、官能的に歌い踊ることができる。

ミンストレル・ショーの演者は、そのように想像された黒人奴隷の**黒人性**（blackness）に魅了され、その肌の色、話し言葉、歌唱、ダンスを愛し、盗む。ショーが終われば演者はメークを落とし、自分が黒人ではないと再確認する。観客も同様で、ステージ上の黒人奴隷を嘲笑いながらも彼らに同一化して非日常的な快楽を享受し、翌朝には、規律ある白人賃金労働者の生活に戻る。アングロ・サクソン系のエリート階級から侮蔑され、アメリカ市民としての資質を疑問視されたアイルランド系移民の労働者たちは、余暇活動として黒人性を消費して見せることによって、賃金労働生活に適応し、市民的権利と不可分のアイデンティティである**白人性**（whiteness）を獲得していった。

ミンストレル・ショーには、支配集団が被支配集団の文化をステレオタイプ化して利用し、経済的な利益と心理的な便益を享受し、支配的地位を強化する**文化盗用**（cultural approprİarion）の過程が明確に表れている。南北戦争以前のミンストレル・ショーの演者や作曲家のほとんどは黒人奴隷との接触のない北部の白人で、彼らがどの程度アフリカ由来の音楽文化を習得していたかには議論の余地があるが、重要なことは彼らが「黒人の音楽」という概念に商品価値を見出したことである。南北戦争後には、元奴隷の黒人の演者によるミンストレル・ショー楽団が次々と立ちあげられているが、彼らは白人の演者と同じ黒塗りメーク姿で、黒人ステレオタイプに満ち溢れた演目や表現を迷わず取り入れ、本物の黒人であるわれわれが本物の黒人芸能を見せると宣伝して白人の楽団と人気を争った。一八七〇年代には、ニグロ・スピリチュアル（黒人霊歌）が黒人のミンストレル・ショー楽団の重要な演目となる。スピリチュアルは奴隷制プランテーションで実際に歌われた楽曲やスタイルの再現性という点で**真正性**の高い黒人音楽と言えるが、これと北部白人の作曲家による従来のレパートリーが、どちらも真正な黒人音楽として同じステージで歌われる。ここにおいて、誰が誰の文化を盗用しているのかは錯綜している。「黒人音楽」という明確な実体が先にあってそれが盗用されるのではなく、盗用の過程そのものが黒人音楽というカテゴリーを形成する。ある種のサウンドやパフォーマンスに人種的真正性という付加価値をつけてマーケティングするポピュラー音楽産業の商習慣は、ミンストレル・ショーによって準備されたのである。

現代に続く人種カテゴリー

一九二〇年代に急成長したアメリカのレコード産業は、ポピュラー音楽の演者を「ポピュラー」「ヒルビリー」「レイス・ミュージック」の三つのカテゴリーに分類した。「ポピュラー」は都市部中流階級向けの楽曲、「ヒルビリー」は田舎の白人労働者階級向けの楽曲を指した［↓2―1ジャンル］。「レイス」は、楽曲、歌唱、演奏のスタイルにかかわらず、演者が黒人であればここに含める人種別のカテゴリーである。一八九六年のプレッシー vs. ファーガソン最高裁判決は「分離すれど平等」の原則を打ち出して南部諸州の人種分離政策にお墨付きを与えていたが、レコード産業もこれに呼応して音楽を人種で分離していった。『ビルボード』誌は「レイス・ミュージック」のレーベルを一九四九年に「R＆B（リズム＆ブルース）」に変更し、公民権運動を経た一九六九年にはこれを「ソウル」に変更、一九八二年には「ブラック・ミュージック」に変更、一九九〇年にふたたび「R＆B」に戻している。その後、二〇〇九年からの初の黒人大統領バラク・オバマ政権時代、そして二〇一三年以降のブラック・ライヴズ・マター運動と人種対立再燃の現在にいたるまで、「黒人の音楽」を意味するカテゴリーは境界線を変えながら存続している。このことは、アメリカ合衆国のユニークな歴史的文脈に根差した黒人性というものが、市場のグローバル化が進んだ現代においてもなお、音楽産業、アーティスト、ファンにとって抗いがたい魅力と商品価値を持ち、再生産され続けていることを示している［↓3―4スポーツ］。

現代の研究課題

ここまで、ポピュラー音楽の歴史における人種の重要性を文化盗用、黒人性と白人性の構築という大きな視点で俯瞰してきたが、現代の研究課題はより細かな個別の事例がもつ複雑さ、曖昧さ、両義性のなかに見つかる。すでに指摘の通り、誰が誰の文化を盗み、誰が利益を得て誰が不利益を被っているのかはミンストレル・ショーの時代から錯綜しており、白人が盗み黒人が盗まれると決まっているわけではない。たとえばギャングスタ・ラップの黒人アーティストによるドラッグ禍、暴力犯罪、女性蔑視の描写には、アンダークラスの黒人コミュニティが直面する**制度的人種差別**（institutional racism）――公民権運動以降も司法、行政、立法に残る人種差別的な慣行や偏見――を告発するジャーナリズム、あるいは異議申し立てとして機能する側面と、有害な黒人ステレオタイプを再生産、商品化して利益を生む現代のミンストレル・ショーの両面がある。ヒップホップ研究の先駆であるトリーシャ・ローズは一九九四年の著作で前者の側面を強調したが（二〇〇九［一九九四］）、二〇〇〇年代以降の状況を踏まえた二〇〇八年の著作では後者の側面について強く警告している（Rose 2008）。

また、ポピュラー音楽と人種に関する研究がアメリカ国内の**黒人／白人二元論**（black-white binary）の事例に偏りやすいことが、一九九〇年代までにはアカデミズム内で意識されるようになった。文化史家のジョージ・リプシッツはブーガルー、チカーノ・パンク、ライなど多様な人種、民族的背景をもった諸集団の音楽文化が国境を越えて融合するジャンルを取りあげ、これらのジャンルが文化的な誤解や創作を不可避的に交えながらマイノリティ同士の連帯を促し、より寛容で包摂的な世界をもたらすユートピア的な可能性と、もっぱら音楽産業と主流白人社会を利する形で消費される可能性を併せ持つことを論じた（Lipsitz 1997）。リプシッツはまた、この議論のなかで「**戦略的反本質主義**（strategic anti-essentialsim）」という概念を導入している。かつてポストコロニアル理論家のガヤトリ・C・スピヴァクは社会運動の指導者が人種のような単一のアイデンティティを（社会的構築物であると知りつつ、人びとの結束を図る戦略として）不変の本質であるかのように語ることを「戦略的本質主義」と呼んだが、ポピュラー音楽のアーティストはしばしばこれとは逆に、多層的、可変的なアイデンティティを戦略的に表現し、本質化された単一のアイデンティティに依存しない連帯を模索する。そこに音楽の持つユートピア的な可能性があるとリプシッツは示唆する。

ポピュラー音楽研究者の大和田俊之は近年のアメリカの音楽シーンについて、プエルトリコとフィリピンにルーツを持つブルーノ・マーズの黒人音楽、ウータン・クラン以来の黒人アーティストによる香港映画や日本アニメのモチーフ化によるアフロ・アジア的美意識、ＢＴＳのようなアジア出身アーティストによる黒人音楽の利用といった非白人同士の文化混淆の事例を積極的に取りあげているが（大和田二〇二一）、いずれも文化盗用と、リプシッツのいう戦略的反本質主義の両面が読み取れる事例といえよう。同じく大和田によるアメリカ・ポピュラー音楽の通史『アメリカ音楽史』（二〇一一）は全体を貫く鍵概念として「文化盗用」ではなく価値中立的な「擬装」を選んでいるが、他者の文化を選択的に模倣して商品化する行為が必然的にもつ両義性を意識した選択であろう。

日本の事例については、まず文化人類学者のジョン・G・ラッセルや日本文化研究者のニーナ・コルニエッツらがアメリカ発の大衆文化における黒人表象の日本での受容過程に着目し、アメリカ国内と同様のミンストレル・ショー型の文化盗用、有害な黒人ステレオタイプの伝播と再生産、アメリカにおける白人性と同様に特権的かつ抑圧的な日本人アイデンティティの構築がみられるという問題提起を行った(Russell 1991, Cornyetz 1994)。

音楽学者の細川周平はこれに対し、戦後の日本でジャズやブルース、ラップといった黒人音楽を意識的に選好した若者たちのサブカルチャーをみる限り、彼らは非白人としての連帯意識や階級的連帯意識といった積極的な意味を黒人音楽に読み取っており、ラッセルらが示唆するよりも自覚的、内省的で曖昧な日本人アイデンティティの形成を行っていたと論じた(細川 二〇〇二)。また、アメリカ研究者の鳥居祐介は、一九六〇年代までには音楽が媒介する人種イデオロギーの伝播は必ずしもアメリカから国外への一方通行ではなくなっており、たとえばアメリカの黒人民族主義系のジャズ批評と日本の新左翼系のジャズ批評の間の一定の誤訳、誤解を含んだ共鳴は、アメリカにおける人種リベラリズムのコンセンサスを脅かす一助となっていたと論じた(Torii 2007)。他方、ポピュラー音楽研究者の永冨真梨は、こうした非白人同士の国境を越えた連帯意識はしばしば両国の知識階級に属する男性間のホモソーシャルな共感に基づいており、音楽言論におけるジェンダー的、階級的な排除を再生産してきたと指摘している(永冨 二〇二〇)。アメリカの豊富な研究蓄積に学びつつも、アメリカの国内事例、国内事情に根差した概念の普遍性を批判的に検討し、日本の事例から得られる知見、日本の文脈から立ちあがる問題意識を加えてフィードバックしていくことが、日本に拠点を持ち、日本語を解する研究者に今後期待される役割のひとつであろう［↓1-4 コロニアリズム／ポストコロニアリズム］。

鳥居祐介

参考文献

- 大和田俊之（二〇一一）『アメリカ音楽史――ミンストレル・ショウ、ブルースからヒップホップまで』講談社
- 大和田俊之（二〇二一）『アメリカ音楽の新しい地図』筑摩書房
- 永富真梨（二〇二〇）「「黒い」音と「白い」音を再考する――「南部の音」を創った『ニューミュージック・マガジン』の記事を事例として」、『ポピュラー音楽研究』二四巻、五三―六五頁
- 細川周平（二〇〇二）「あいまいな日本の黒人――大衆音楽と人種的腹話術」、小森陽一ほか編『冷戦体制と資本の文化――1955年以後1』岩波書店、一七〇―二〇二頁
- ローズ、トリーシャ（二〇〇九［一九九四］）『ブラック・ノイズ』新田啓子訳、みすず書房
- Cornyetz, Nina (1994) "Fetishized Blackness: Hip Hop and Racial Desire in Contemporary Japan," in *Social Text*, 41, pp.113–139.
- Lipsitz, George (1997) *Dangerous Crossroads: Popular Music, Postmodernism and the Poetics of Place*, Verso: pp.62–64.
- Lott, Eric (1993) *Love and Theft: Blackface Minstrelsy and the American Working Class*, Oxford University Press.
- Rose, Tricia (2008) *The Hip Hop Wars: What We Talk About When We Talk About Hip Hop--and Why It Matters*, Civitas Books.
- Russell, John G. (1991) "Race and Reflexivity: the Black Other in Contemporary Japanese Mass Culture," in *Cultural Anthropology*, Vol. 6, No. 1: pp. 3-25.
- Torii, Yusuke (2007) "Swing Ideology and its Cold War Discontents in U.S.-Japan Relations,1944–1968," PhD diss, George Washington University.

第1部—8　Digital

デジタル

キーワード KEYWORD

ストレージ、トランスミッション、プロセッシング、メディア研究、ノイズ、PCM、MIDI規格、DAW、DTM、ソフトウエア、MP3、フォーマット、ストリーミング、ダウンロード、インターネット、プラットフォーム、メタメディウム

スマートフォンでSpotifyを開き、好きなアーティストの新曲を聞いてみる。気に入ったのでオフラインでも聞けるように**ダウンロード**して自分のプレイリストに追加する。GarageBandでドラムとシンセを打ち込み、Spliceからダウンロードしたギターループも加えて、iPhoneのマイクでラップを録ってみる。AIアシスタント機能のついたプラグインでざっくりミックスとマスタリングを施して、Tunecoreを介して各種**ストリーミング**・サービスに配信する。

二〇二三年現在、このような音楽実践はごくありふれたものだが、これが可能なのはポピュラー音楽とデジタル技術が不可分なものになったからに他ならない。今日のポピュラー音楽とそれを取り巻くさまざまな実践を理解するためには、デジタル技術と音楽文化の関係性を考察することが不可欠なのだ。

音楽学者の増田聡は「音楽のデジタル化」とは「音楽の制作と受容、録音媒体と流通の全体の過程が、デジタル・データとして音楽が存在することを前提として行われるようになった不可逆的な変化」（増

田二〇〇八、一二三）だと整理したが、以下では、「音楽のデジタル化」が具体的にどのような過程を経たどのような事態であり、どのような変化をもたらしたものなのかを概観していきたい。そのためには、デジタル技術の作用を詳細に研究してきた**メディア研究**の知見をもって、ポピュラー音楽研究をアップデートしていくことが求められる。

そこで仮設的に採用したいのが「保存・伝送・処理」という図式である。ポピュラー音楽研究においてとくにレコード産業が分析対象となるとき、一般的に採用されてきたのは「生産・流通・消費」という図式であった。これはたしかにレコードという工業製品を前提とするポピュラー音楽を考えるうえで有効な図式であった。しかしながら、デジタル・データとしての音楽を前提とする今日のポピュラー音楽を考えるうえでは、デジタル技術がそもそも情報技術であるがゆえに、情報技術的な語彙が必要とされるはずである。本稿ではそのような試みとして、ポピュラー音楽とデジタル技術の関係を「保存・伝送・処理」という情報技術的な図式によって整理しながら概観していく。

保存

ドイツのメディア研究者フリードリヒ・キットラーは、書籍、蓄音機、映画、タイプライター、コンピューターといったメディア技術を、情報をどのように保存・伝送・処理するのかという観点から理解しようとしていた（梅田 二〇二〇、一九七）。とりわけ中期のキットラーが関心を抱いていたのはメディア技術における保存・記録《ストレージ》の側面であった。キットラーによれば、人類が情報を保存・記録する技術は、口承伝達の時代を経て、①手書き文字による記録の独占支配の時代、②グラモフォン・フィルム・タイプライターの登場により情報の流れが聴覚・視覚・文字に分化した技術メディアの時代、③コンピューターの登場によりあらゆる情報が0と1の二進数からなるデジタル・データとして統合された時代、という変遷をたどった。

この見立てを音楽の保存・記録の技術に当てはめるならば、①楽譜ないしそれに準ずるものによる記譜法の時代、②グラモフォン、レコードなどアナログ録音による時代、③デジタル・データとして音楽のあらゆる情報が保存される時代、として理解可能だろう。キットラーが「人にかんして残るのは、どのつまりメディアが保存して、後世に伝えることができるものだけだ」（キットラー 一九九九［一九八六］）と記したように、どのような技術がどのように音楽を保存・記録するのかは音楽文化そのものの前提条件である［↓1-2 テクノロジー］。それでは、②アナログ録音から③デジタル・データへの変化はどのような事態を指していたのだろうか。

グラモフォンという録音メディアの登場において、とりわけキットラーが注目したのは**ノイズ**の存在である。記譜法の時代、人類はノイズを楽譜の上で保存することはおろか認識することもできなかった。しかしグラモフォン以降の音を取り巻く技術は、ノイズをいかに飼い慣らすかをめぐって変遷していく。

音をデジタル情報に変換するパルス符号変調（Pulse Code Modulation＝PCM）の原理は、まさしくノイズの馴致《じゅんち》の過程で生まれたものであった。イギリスの国際電話電信会社の技術者アレック・リーヴスによって一九三七年に開発されたＰＣＭは、長距離の通信でも音声をオンとオフ（1と0）からなるパルス信号に変換することでノイズが混入しにくくなるという発想によるものであった（森ほか二〇一一、九八）。そして、ＰＣＭ方式を録音技術に応用する動きは一九六〇年代から一九七〇年代にかけて日本が世界を先導する形で行われた（谷口ほか二〇一五、二〇四）。

ＰＣＭ録音された音源を容れる媒体として、ソニー社とオランダのフィリップス社が共同開発したのがコンパクト・ディスク（ＣＤ）であった。日本では、一九八二年にＣＤの再生機とソフトが発売されわずか五年でアナログ・レコードの生産枚数を追い抜くほどの普及を見せ（谷口ほか二〇一五、二〇六－二〇七）、アナログ・レコードに比べて原価も安いＣＤは一九九〇年代におけるレコード産業最盛期の礎となった。また、ＣＤは音楽以外の情報記録媒体としても便利であったため、音声や画像や動画やテキストをやりとりするための媒体としても普及した。一方で一九九〇年代後半以降、家庭用コンピューターの普及、ディスク容量の増大、**インターネット**の普及および通信回線の高速化などの要因により、ＣＤという媒体は徐々にレコード産業の主流の座から追われていった。

また、録音技術のデジタル化とは別に重要なのは、演奏情報のデジタル化である。とりわけここで取りあげたいのは一九八三年に登場した**ＭＩＤＩ規格**である。ＭＩＤＩ規格は「Musical Instrument Digital Interface」の頭文字をとったもので、電子楽器間、電子楽器とコンピューター間の演奏情報をデジタル形式でやり取りするために定められた標準規格である。ＭＩＤＩ規格は、演奏のタイミング、音高、強弱、音色の設定など演奏に関わる情報をデジタル情報として定義する規格であったが、これは記譜法のデジタル化とも言えるものであった。MIDI規格によって、鳴っている音響を保存する録音とは根本的に区別される、音響以前の演奏情報そのものを保存し、さらにはそれをデジタル・データとして編集することが可能になった。今日一般的な「打ち込み」的な音楽実践はまさしく演奏情報の編集という行為の典型である。MIDI規格の登場によって、作曲の専門的な知識がなくても、あるいは楽器を演奏することができなくても、**DAW**（Digital Audio Workstation）で演奏情報を打ち込みそれを**ソフトウェア**音源に演奏させることで楽曲を制作するといった音楽実践が、ごく当たり前のこととなった。これは従来的な「演奏」や「作曲」、ひいては「音楽家」そのものの定義を揺るがす事態であり、演奏情報のデジタル化は演奏や作曲といった音楽の根本的な概念の変容をともなったのである［↓1-2テクノロジー、2-9楽曲、3-8プログラミング］。

伝送

こうして音にとってのデジタル化は、保存という状況を通してまず新しい録音様式として認識された。しかし、音のデジタル化の意味をとらえきるためには、保存・記録の方法とも密接なもうひとつの条件、「伝送」について考えねばならない。聴覚文化論の先導者のひとりであるジョナサン・スターンは、音楽ファイルの一形式である「**MP3**」を取りあげた研究で、デジタル化概念にとっての通信《コミュニケーション》・**伝送**《トランスミッション》の重要性を強調している（Sterne 2012）。スターンによれば、PCM音声データを「圧縮」して小サイズ化する技術であるMP3は、一般的に録音メディアの延長にあるものと見なされ、MP3聴取の美的経験を語る際にはアナログ・レコードやCDなど先行する録音技術のみが参照されてきた。しかし、MP3のみならず録音技術それ自体が大きく依拠しているのは、美しさとは無関係なメディアとして考えられがちな「電話」であるという。スターンはデジタル化の歴史を音の歴史に従属するものとして置き、電話の技術開発において追求されたデジタル音声の伝送という目的こそが、MP3に代表されるデジタル化した音楽の基盤にあることを明らかにした。MP3のような音声圧縮技術は、ノイズの閾値を技術的に設定したうえで除去し、マスキング効果などの音響心理学の知見を活用してデータ量を削減し、つまりは伝送の効率化を図ることで、今日につながるデジタル音楽の鑑賞経験を構築してきたのである。

一方、スターンのMP3に関する議論はけっして特定のデジタル音声技術の歴史と経験を解題するだけのものではない。そのなかで彼は「フォーマット理論」の提示を通じ、メディア史における規格《フォーマット》の水準の作用を強調した。MP3のようなファイル・フォーマットだけでなく、アナログ・レコードのSP／LPの区別や、CD-DAやCD-ROMのようなCDファミリーの各種規格として、フォーマットは私たちがそのメディアを使う／聴くときの鑑賞経験をさまざまなレベルで規定する。そのため、音楽メディアの作用に関する議論は同時にフォーマットの働きについての議論でもある。各種メディア間、あるいはそのメディアを取り巻く技術・産業・制度の相互コミュニケーションを規定する枠組みとして、フォーマットは作用する。スターンはそうした通信・伝送に依拠したデジタル音楽を考えるための地平を開いたのである。

ポピュラー音楽のデジタル化において、伝送の観点から指摘しておくべき変容を以下で簡単に挙げておこう。本章冒頭でも述べたように、今日的な音楽聴取ではスマートフォンとアプリの組み合わせを利用したストリーミング再生が広がりつつある。指でタップするだけで次々と楽曲を再生することのできるストリーミング・アプリのインターフェイスでは不可視化されているが、ソフトウェア内部ではMP3とも関連のある各種ファイル・フォーマットが用いられている。この点で、2000年代と2010年代の音楽ファイル再生方式を区分するダウンロード型／ストリーミング型の区別には注意が必要である。iPod に代表されるDAP（Digital Audio Player）向けにMP3のダウンロード販売を仕掛けたデジタル音楽の産業的編成は二〇〇〇年代から「音楽配信」と呼ばれてきたが、Spotify に代表されるスマートフォン・アプリ上でのストリーミング定額契約にシェアを奪われつつあり、二〇一〇年代以降の市場の様式は大きく変わりつつあるからだ（IFPI 2022）。

しかし、音楽の配信という水準で考えると、MP3ダウンロード販売のように圧縮フォーマットがレコード産業によって利用される以前から、デジタル・データを伝送する様式自体は広く存在していた。電子楽器産業が策定したMIDI規格は、一九九〇年代初頭からパソコン通信や専用回線を通じたMIDIデータ伝送に用いられるようになり、これを応用して日本のポピュラー音楽におけるヒットの状況を大きく変えたのが、「通信カラオケ」や「着メロ」などのMIDIデータの伝送によって成立した市場だったのだ。一九九〇年代後半になると世界的にMP3を活用した配信事業が拡大したことで

ＭＩＤＩデータ市場は縮小していくが、こうした転換はフォーマット間の緊張関係を示しており、伝送の様式をめぐった技術・産業・制度における争いなのである（日高二〇二一）。

スターンがＭＰ３の研究で示したように、音声・音楽のデジタル化にとって伝送の技術と技法は本質的なものだ。彼の理論的視座と現実の事例からもわかる通り、音楽のデジタル化は伝送のネットワークが成立していく歴史そのものでもある。私たちの日常的なデジタル音楽の聴取経験も同様に、楽曲や作者やファンにかかわる美的な経験というだけでなく、その前提として、データの伝送を担うネットワークに依拠した通信・伝送の経験であるといえるだろう。したがって、デジタル音楽を理解するためには、「電話」に代表される伝送の技術と文化を理解することが求められるのである。

処理

こうして保存・伝送されるようになった音楽は、同時に私たちの受容の局面をも大きく変質させてきた。そこでは、空気振動としての音響が従来通りに聴取されるだけでなく、音楽・音響を取り巻くデータ処理《プロセッシング》の技術と技法が全方位的に活用され、ユーザーによるデータの処理とデータとしてのユーザーの処理が同時進行で実行される。音楽のデジタル化は楽曲のみならず、社会や文化の領域までを巻き込みながら展開しているのだ。

たとえば、すでに見たように、ポピュラー音楽の製造・販売・流通を管理してきたレコード産業は、

「所有」から「参照」へというパラダイム転換を迎えている（井手口二〇〇九）。より細かく見てみると、私たちがポピュラー音楽を聴取する際の窓口《インターフェイス》が、従来的な意味でのレコード産業からインターネットを前提としたＩＴ産業へと移り変わりつつあるともいえる。具体的には、Spotify や Apple Music などのストリーミング・サービスを提供するプラットフォーマーが、二〇世紀的なレコード産業の覇権に代わって音楽産業全体のなかでの存在感を増しているのだ。このことは産業論的な転換を意味するだけでなく、ポピュラー音楽市場での主要な収入源が、音楽それ自体から、音楽に付随する広告表示の設計や月額のサブスクリプション契約の仕組みに変化しつつあることを意味する。つまり音楽聴取は、ユーザーが、そして同時にユーザーを、データとして処理する**プラットフォーム**経済に飲み込まれつつあるのだ（増田二〇二一ａ、二〇二一ｂ）。

さらに、デジタル化による変質は、データの処理とは無関係にも思える法制度の領域にも影響を及ぼしてきた。一九九〇年代から本格化したデジタル著作権に関する議論と法改正である。一九九〇年代末、Napster などのＰ２Ｐ技術を利用したファイル共有サービスを使って、アメリカや日本ではＣＤを元に作成された違法な音楽ファイル共有が拡大し始めた。レコード産業はこの動向を海賊行為として問題視し、各国での法改正に強く働きかけたことで、結果としてデジタル時代の著作権法が整備されていくこととなった。また日本ではいち早く産業化していた通信カラオケや着メロで利用されるＭＩＤＩデータ配信をめぐり、一九九〇年代初頭からデータ伝送における著作権使用料ルールのあり方について議論されてきた。法の領域ではデータとして処理される音楽をめぐって合法／違法の基準が定められたのである。同時にこれは、音楽の保存と伝送をデータを介して行うようになったことで、結果的には海賊行為として規定されたとはいえ、ポピュラー音楽商品に対するユーザーの介入可能性が拡大したことも意味する。デジタル・コピーされた楽曲がネットワーク上を伝送すること、それに対応するなかで制作者・聴取者ともに著作権への意識が変容したこと、ユーザーによるデジタル技術を用いた処理の領域拡大は、商品経済を下支えする法の領域も変質させてきたのである［↓2-2法］。

市場や法の領域における大がかりな変質だけでなく、私たちの日常生活レベルの聴取経験においても、さまざまに介在するようになったデータの処理は従来的なメディア経験を変質させている。本章冒頭でも触れたGarageBandでの打ち込み作曲等を意味するDTM（Desktop Music）やDAW（Digital Audio Workstation）と呼ばれるデジタル制作環境は、プロではないアマチュアによる制作と発信の規模を拡大した。ニコニコ動画やYouTubeといった動画投稿サイトではアマチュアによる楽曲が盛んに投稿されたほか、既存曲をアレンジしたりマッシュアップするn次創作の連鎖が続く培地となった［↓3-10アマチュアリズム］。

また、ユーザーによる楽曲の投稿先が動画投稿サイトであることが示すように、デジタル化は音楽と映像（動画）の区分をこれまで以上に融解させることにもつながってきた。もちろんミュージック・ビデオの役割拡大を通して一九八〇年代以降のヒットの定義を作り変えたMTVの作用を挙げるまでもなく、とりわけポピュラー音楽と映像メディアにはこれまでも密接な関係があった［↓2-5映像］。だが、音楽聴取のためのデバイスとしてパソコンやスマートフォンの利用が広がるにつれ、音楽を聴く行為と映像を見る行為は、デバイスやソフトウェアの水準では区別できなくなりつつあるのだ。

さらに、ポピュラー音楽のファンたちの行動も新しい処理の技法を生み出しつつある。自らが「推す」アイドルの映像を見続けることで動画再生回数を伸ばす「推し事」（お仕事）と呼ばれるファンダムの働きは、プラットフォームの作用を効果的に利用するファン実践であると同時に、プラットフォーマーにとってはユーザーによるフリー労働として機能する（大尾 二〇二一）［↓2-8 聴衆／ファン］。また、ここまで挙げた事例群が示すように音楽のデジタル化を考えるにあたってインターネット接続環境の重要性は明らかであり、次第にユーザーを囲い込みつつあるプラットフォーム経済の政治性を明らかにしようとする、プラットフォーム研究と呼ばれる学術領域も拡大している（Steinberg 2019）。

デジタル化したポピュラー音楽の受容の局面では、音楽を取り巻くさまざまな対象がデータとして処理されるようになっている。工業製品としてのレコードの生産・流通・消費というモデルを適用してきた状況とは異なり、データの処理は個々のメディアの区分を融解させ、ハイブリッドな状況をつくりだしている。端的にいうと、デジタル音楽は新しいメディアの布置のなかで聴かれており、この状況を考えるためには新しいメディア研究の枠組みが求められているのだ。メディア研究者のレフ・マノヴィッチは「**メタメディウム**」という概念を提示することで、こうした新しいデジタル・メディア環境を考える条件を切り拓いている。テキストや映像、音響といった従来的なメディアの区分は、コンピューター上のソフトウェアによってシミュレーションされ、また組み合わされることでハイブリッド化する。マノヴィッチはこうしたコンピューターの働きをメタメディウムと呼び、文化を規定するソフトウェアの水準に焦点を当てた研究の枠組みを示している（Manovich 2013）。

ここまで保存・伝送・処理に区分して今日的なデジタル音楽の状況を概観してきた。すべてに共通しているのは、音楽を数値的なデータとして取り扱うための技術と技法の蓄積である。美しく楽しく鳴り響くポピュラー音楽は同時に、今日では0と1の並びによってコンピューターが演算するデータとしても存在している。したがって、デジタル・データの作用を明らかにしようとする新しいメディア研究の知見は、ポピュラー音楽研究の今日的なアップデートのためには必要不可欠なのである。

篠田ミル＋日高良祐

参考文献

● 井手口彰典（二〇〇九）『ネットワーク・ミュージッキング――「参照の時代」の音楽文化』勁草書房

● 梅田拓也（二〇二〇）「シリコンチップのメディウム固有性のために――フリードリヒ・キットラーのコンピュータ論」、『メディウム』第一号、一九四－二一四頁

● 大尾侑子（二〇二一）「デジタル・ファンダム研究の射程――非物質的労働と時間感覚にみる「フルタイム・ファンダム」」、伊藤守編著『ポストメディア・セオリーズ――メディア研究の新展開』ミネルヴァ書房、二〇八－二三二頁

● キットラー、フリードリヒ（一九九九［一九八六］）『グラモフォン・フィルム・タイプライター』石光泰夫＋石光輝子訳、筑摩書房

● クセック、デヴィット＋レオナルト・ゲルト（二〇〇五［二〇〇五］）『デジタル音楽の行方――音楽産業の死と再生、音楽はネットを越える』yomoyomo訳、翔泳社

● スターン、ジョナサン（二〇一五［二〇〇三］）『聞こえくる過去――音響再生産の文化的起源』中川克志＋金子智太郎＋谷口文和訳、インスクリプト

● 谷口文和＋中川克志＋福田裕大（二〇一五）『音響メディア史』ナカニシヤ出版

- 日高良祐（二〇二一）「フォーマット理論――着メロと着うたの差異にみるMIDI規格の作用」伊藤守編著『ポストメディア・セオリーズ――メディア研究の新展開』ミネルヴァ書房、一一八―一四〇頁
- 増田聡（二〇〇八）「音楽のデジタル化がもたらすもの」東谷護編『拡散する音楽文化をどうとらえるか』勁草書房
- 増田展大（二〇二一a）「プラットフォーム」門林岳史＋増田展大編『クリティカル・ワード メディア論――理論と歴史から〈いま〉が学べる』フィルムアート社、六一―六八頁
- 増田展大（二〇二一b）「イメージの生態学――プラットフォームに生息するイメージ」伊藤守編著『ポストメディア・セオリーズ――メディア研究の新展開』ミネルヴァ書房、二五九―二八一頁
- マノヴィッチ、レフ（二〇一三［二〇〇一］）『ニューメディアの言語――デジタル時代のアート、デザイン、映画』堀潤之訳、みすず書房
- マノヴィッチ、レフ（二〇一四［二〇〇八］）「カルチュラル・ソフトウェアの発明」大山真司訳、伊藤守＋毛利嘉孝編『アフター・テレビジョン・スタディーズ』せりか書房、一一〇―一五二頁
- 森芳久＋君塚雅憲＋亀川徹（二〇一一）『音響技術史――音の記録の歴史』東京藝術大学出版会
- IFPI, Global Music Report (2022) State of The Industry, https://cms.globalmusicreport.ifpi.org/uploads/Global_Music_Report_State_of_The_Industry_5650fff4fa.pdf（二〇二三年二月一八日アクセス）
- Manovich, Lev (2013) *Software Takes Command*, Bloomsbury Publishing.
- Steinberg, Marc (2019) *The Platform Economy: How Japan Transformed the Consumer Internet*, University of Minnesota Press.
- Sterne, Jonathan (2012) *MP3: The Meaning of a Format*, Duke University Press.

事例編

第2部

論点としてのポピュラー音楽

第1部で提示された
ポピュラー音楽と密接に関わる概念は、
批判的考察の手段としてどのように利用できるのだろうか。
たとえば、ポピュラー音楽を通して人種概念が構築される際、
ポピュラー音楽に関わる何に注目すれば、
その経緯が顕著に考察できるのだろうか。
そうした例として第2部ではポピュラー音楽研究のなかでも
比較的蓄積の多いトピックを照射する。
各項目はそれぞれの学術的議論を概観したうえで、
ポピュラー音楽研究全体、並びに、他分野と横断し、
新たな学術領域を開拓する可能性のある
発展的な学術的問いも示唆する。新たな問いの想像／創造は、
読者のポピュラー音楽にまつわる概念への理解と
これらの事例の掛け合わせによって、
無限になされることだろう。

第2部―1 Genre

ジャンル

キーワード KEYWORD

生産、流通、受容、規則、美的価値、オーディエンスの期待、流動性、多層性、前衛的、シーン基盤、産業基盤、伝統主義的、境界確定、越境、西洋中心主義、文化的覇権、集団的属性、アイデンティティ、真正性、録音商品、外国音楽、アルゴリズム

ジャンルの区分は、ポピュラー音楽の**生産・流通・受容**それぞれの過程において重要な意味を持ってきた。ある音楽的特徴や音楽家の態度や外見は、認識の枠組としてのジャンルとの関係を通じて意味づけられる、といってもよい。そしてそれは、単に音楽と音楽家に関わるものではなく、受容者の社会的位置づけとも密接に関わっている。ひとつのジャンルの特徴的な音楽的要素（たとえば歪《ひず》んだギターや叫び声、あるいは流麗なオーケストラ編曲や複雑な和声やベルカントの歌唱）は、別のジャンルでは忌避または嘲笑されるかもしれないし、そうでなくとも、ジャンルごとに異なる意味作用を持つ。音楽家やファンの意識や産業構造においてジャンル間の序列が存在しないとは到底言えないにせよ、相異なる感受性と価値規範に支えられた諸ジャンルの個別性と複数性を認識することは、西洋近代の高級文化の共通の慣習を「普遍的」な尺度と取り違える誤謬から脱し、さまざまなポピュラー音楽の独自の存在意義を擁護するうえでも一定の意義を果たしただろう。

一方で、「ジャンル」という概念自体は、日常的

な音楽実践や言説では、全面的に肯定されるばかりではない。とりわけ南北アメリカ大陸では、おもに産業的な意図によって特定の音楽ジャンルと「人種」がしばしば重ね合わされてきたが、たとえばアメリカ合衆国で顕著なように、マイノリティ音楽家にとっては、特定の人種やエスニシティに割り当てられたジャンルへの囲い込みと、ロックやカントリーといった「白人的」なジャンルへの参入障壁として機能することも多かった［↓1-7 レイス］。また、個人の独創性を強調する音楽家やそのファンたちは、特別であるべきその創作物が、他のものと混同されることを嫌悪し、「ジャンルなど気にしない」「この音楽はジャンルを超越している」といった態度をとることも多い。消費の文脈に注目すれば、通念的なジャンルの区分を越えてさまざまな音楽を消費する文化的な雑食性は、ある種の文化エリートに共通する仕草であるといってもよい。その一方で、そもそもジャンルの区別など気にせずに「主流的」な商業音楽を気楽に楽しんでいる人たちも多い。「人気のある」という意味での「ポピュラー音楽」とはそうした人に向けた音楽だ、という考え方もありうるだろう［↓1-1 ポピュラー］。「主流」はジャンルのひとつなのか、それとも個別ジャンルを包摂する、または対立するカテゴリーなのかというのは、ポピュラー音楽研究におけるジャンル論のひとつの重要な論点でもある。

ジャンル研究の歴史

ここで、ポピュラー音楽研究におけるジャンルに関する学説史をごく簡単に振り返っておこう。学問領域としてのポピュラー音楽研究の制度的確立に先立って、チャールズ・カイル『アーバン・ブルース』（二〇〇〇［一九六六］）のような、個別ジャンルの音楽的また社会的特徴に注目した研究が存在したことは重要であるが、まずは、一九八〇年の

第一回国際ポピュラー音楽学会大会での口頭発表に基づくフランコ・ファブリの論文「A Theory of Musical Genres: Two Applications」(Fabbri 1982a) および「What Kind of Music?」(Fabbri 1982b) が先駆といえる。ファブリは、音楽ジャンルを「社会的に認められた一連の**規則**(rules) に基づいてその進路が統御される一連の音楽的出来事(現実のものと可能的なものをどちらも含む)」と定義し、ファブリが活動するイタリアにおけるシンガーソングライター(canzone d'autore)を主な事例として、現代イタリアにおける諸音楽ジャンルの階層的関係と、個々のジャンルを特徴づける五つの規範(規則、形式・技術的、記号論的、振る舞い的、社会・イデオロギー的、経済・法的)を体系的に記述しようとする。

ポピュラー音楽における美的価値判断を扱ったサイモン・フリスの『Performing Rites』(Frith 1996) では、ファブリに依拠して、ジャンルの規則がポピュラー音楽の**美的価値**の経験において決定的に重要な要素であると論じる。さらにキース・ニーガスは、著書『Music Genres and Cooperate Cultures』(Negus 1999) において、英語圏ポピュラー音楽産業の「生産の文化」を、「ジャンル文化」を軸に分析する。ジェイソン・トインビーも、ポピュラー音楽における創造性を主題とする著書『Making Popular Music』(Toynbee 2000) において、創造性の中核としてジャンル文化を位置づける。ニーガスとトインビーはともに、映画学におけるジャンル論の第一人者、スティーヴ・ニール(Neale 1980) による「産業とテクストと主体の間を循環する、方向づけ、期待、慣習の体系」というジャンルの定義を引用し、テクストにおける特徴のみならず**オーディエンスの期待**をジャンル定義に含みこむことの意義を強調している。さらに、デンマークの研究者ファビアン・ホルトは、ポピュラー音楽諸ジャンルを、より日常的、経験的な観点から記述する著作『Genre in Popular Music』(Holt 2007) を著し、デイヴィッド・ブラケットは

『Categorizing Sound』（Brackett 2016）において、同じくアメリカ合衆国の諸音楽のジャンル区分の成立過程について、その歴史的な**流動性**や**多層性**に注目した系譜学的な研究を行っている。これらの研究では、ハリウッドの商業的映画作品を念頭に置いたニールのジャンル論の影響が強いこととともおそらく関連して、英語圏文化産業における商業的なジャンル（およびジャンルの商業性）に研究の関心が集中する傾向も否定できない。

また、狭義のポピュラー音楽研究者ではないが、文化における分類を主要な関心とする社会学者のジェニファー・レナは、音楽産業論の泰斗、リチャード・ピーターソンとの共同研究から派生した著作『Banding Together』（Lena 2012）において、アメリカ合衆国の六〇種類の音楽ジャンルの形成と変容に共通して見られる特徴を抽出し、それを生み出すコミュニティに注目する。**前衛的**、**シーン基盤**、**産業基盤**、**伝統主義的**、という四つの類型を提示し、これらは、ある時点での個々のジャンルを特徴づけるのみならず、ある音楽ジャンルの歴史的な推移の説明にも有効であると論じる。ラップ、ブルーグラス、ビバップを例に、四つの類型がこの順に推移し、また伝統主義的態度が別の前衛的実践を生み出すことで次の循環過程を生み出すパターンを指摘する。さらに、シーン基盤ジャンルと産業基盤ジャンルの異同についても論じ、とくに後者において、産業基盤から発して現実のシーンを生み出すパターン（ファンクなど）を見出している点が興味深い。加えて、アメリカ合衆国には存在しない第五の類型として、中国、チリ、セルビア、ナイジェリアの事例から、政権を目的とする（government-purposed）ジャンルの存在を指摘する。現行の政府から直接的な援助を受けたものだけでなく、それと対立する政党や人びとからの援助に基づく「反体制的」なジャンルも、同じ区分に含めているところが興味深い。

これらの、ある種の一般性を志向するジャンル研究に加え、個別ジャンルの**境界確定**やその**越境**に注目する研究も、ジャンルという概念の特徴と機能を考えるうえでは不可欠である。一九二〇年代のアメリカ合衆国南部に多様かつ連続的に実践されていた音楽が、「人種」という線に沿って「レイス・ミュージック」と「ヒルビリー」に分割される過程を論じたカール・ハグストローム・ミラーの『Segregating Sound』(Miller 2010)や、その逆に、人種的に制度化されたジャズとロックというジャンルを意識的に跨ぎ越す実践に注目したケヴィン・フェレスの『Birds of Fire』(Fellezs 2011)やマット・ブレナンの『When Genres Collide』(Brennan 2017)といった著作はその代表的な例といえる。

加えて、非西洋地域の大衆音楽ジャンルについての研究も、英語圏ジャンルの研究では見逃されがちな西洋中心主義や英語圏音楽の文化的覇権の影響とそれに対する抵抗、あるいはナショナリズムの功罪、といった重要な視点を提起する[↓1-4 コロニアリズム/ポストコロニアリズム]。筆者の知識と関心に基づいて、おもに南アメリカとカリブ地域を扱う研究を例示すれば、現代のグローバリゼーション状況下でのローカル/ナショナルな新興ジャンルの形成を扱ったジョスリン・ギルボーの『Zouk』(Guilbault 1993)やデボラ・パシーニ・エルナンデスの『Bachata』(Hernandez 1995)といった、もはや古典的な研究に加え、国民国家の区分を越えた「ラテン音楽」という類概念の歴史的形成を論じるパブロ・パロミーノの『The Invention of Latin American Music』(Palomino 2020)のような系譜学的アプローチも現れている。「演歌」のジャンル形成について論じた拙著(輪島二〇一〇)は、これらの非西洋地域のナショナルなポピュラー音楽の形成に関する議論を参照している。これらの傾向は、民族音楽学とポピュラー音楽研究という区分(これも「ジャンル」なのだろうか?)を再考させるものでもある。

日本におけるジャンル

さて、上記のような、アメリカ合衆国由来のジャンルを主たる対象とした英語圏の研究から得られた知見を、そのまま日本語圏に適応することは当然できない。音楽ジャンルに基づく制作と流通が、ニーガスが論じたように音楽産業内で制度化されているようにはみえないし、特定の**集団的属性**やその**アイデンティティ**と強く結びつく音楽ジャンルはそれほど可視化されていない（存在しない、ということではないだろう）。もちろん、ジャズ、ロック、フォーク、パンク、レゲエ、ヒップホップその他英語圏のジャンル区分に基づく音楽実践は日本国内でも行われており、その研究も、日本語および英語で活発に行われてきた。そこでは多くの場合、「本場」の**真正性**との想像的な関係を、特定の具体的なシーンやアイデンティティよりも（少なくともそれと同じように）重視するような仕方でジャンルの境界が設定されているように思える。英語圏ジャンルの現地での規範や意味合いが、日本で「正しく」理解され定着していないことは、「本場」を志向する実践者や愛好家や批評家にとっては遺憾なことかもしれない。しかし、ジャンル研究の蓄積に基づけば、ジャンルはある社会集団の意識の単なる反映ではないし、一見自然で有機的に見えるかもしれない英語圏ポピュラー音楽諸ジャンルとアイデンティティの結びつきも、多くの場合、アメリカ合衆国における人種隔離を背景に制度化・産業化された結果である。それゆえ日本において社会的属性やアイデンティティと音楽選好の対応がそれほど強くない（ようにみえる）としたら、そのこと自体は批判されるべきものではなく、研究されるべき特徴である。

ジャンル研究のこれから

日本のポピュラー音楽文化について、英語圏のジャンル区分をそのまま適応するのではなく、ジャンルについての研究の蓄積を応用して考えるのであれば、「外来ジャンル受容史の総和」として日本のポピュラー音楽史をとらえる通念的な見方を乗り越える必要があると筆者は考えている。そのためには、「演歌」や「アイドル」や「ノイズ」のように海外にはなくて日本にしかない（と考えられている）ジャンルの研究は有効だろうが、それだけでは不十分だ。英語圏音楽との差異、あるいはその残余としてのみ日本のポピュラー音楽をとらえる見方はそれ自体がオリエンタリズム的であるし、外来の影響を強く受けた日本の音楽文化の現実と乖離している。

そこで私は、ひとつのやり方として、「洋楽」や「ポップス」といった雨傘的な括りをひとつのジャンルとしてとらえ、その含意や機能を分析することを提案したい。これらは、外来音楽を中立的に指示するカテゴリーというよりも、個々のジャンルの現地における社会的機能や含意を一旦捨象して、日本国内でのレコード消費を前提に、**録音商品**として（またはそこに刻印された純粋な音響体として）分類し評価する濾過装置および評価枠としての役割を果たしてきた。批評メディアがジャンル・イデオロギーを主導し、独自の受容者層を形成した［↓2-3 文字］。レコード会社の制作システムも、「洋楽」と「邦楽」で別に体系化された。さらに「洋楽」は、序列化の意識をともなって、「邦楽」と称される「流行歌」や「ニューミュージック」や「J-POP」といった国内の主流的なジャンルとは差異化され、またその参照先ともなってきた。これらの意味で、「洋楽」（いわゆる「クラシック」と「ポピュラー」双方を含め）や「ポップス」（複数形の用法は基本的には和製英語である）は、日本独自のジャンル形態といえる。この発想は、じつは前述のミラーやブラケットのジャンルの系譜学に触発されている。彼らは、二〇世紀初頭のアメリカ合衆国のレコード産業において「**外国音楽**（foreign music）」というジャンルがきわめて重要な位置を占め、それがその後のアメリカ市場における人種とエスニシティに基づくジャンル区分の基盤となっていったことを強調している。

現在のインターネットを中心とする聴取環境とそれに基づいて変容を余儀なくされている音楽産業構造において、これまでのように、任意の曲や音楽家を排他的にひとつのジャンルに位置づけるような慣行は維持しえないだろう。その一方で、「シティポップ」のように、プラットフォームの**アルゴリズム**とも密接に結びついた新たな区分も生まれている。

かつての iTunes のようにあらゆる音楽ファイルをリスナーが単一のジャンルに位置づけるシステムから、複数の性質を列挙する「タグ付け」による分類に変わったときになにが起こっているのか。英語圏音楽ジャンルの脱人種化は促進されるのか、それとも「エコーチェンバー」のなかで再強化されるのか【↓1-7 レイス】。これまでの産業的な区分としての静態的なジャンルが解体したときに、ジャンルの慣習と規則は誰が統御し、どのように変化するのか。そもそもジャンルは誰にとってなぜ必要なのか、といったことがあらためて問われることになるだろう。

輪島裕介

参考文献

● カイル、チャールズ（二〇〇〇［一九六六］）『アーバン・ブルース』北川純子監訳、浜邦彦＋高橋明史訳、ブルース・インターアクションズ
● トインビー、ジェイソン（二〇〇四［二〇〇〇］）『ポピュラー音楽をつくる――ミュージシャン・創造性・制度』安田昌弘訳、みすず書房
● 三井徹（二〇一八）『戦後洋楽ポピュラー史 1945–1975――資料が語る受容熱』ＮＴＴ出版
● 南田勝也編著（二〇一九）『私たちは洋楽とどう向き合ってきたのか――日本ポピュラー音楽の洋楽受容史』花伝社

- 輪島裕介（二〇一〇）『創られた「日本の心」神話――「演歌」をめぐる戦後大衆音楽史』光文社
- Brackett, David (2016) *Categorizing Sound: Genre and Twentieth-Century Popular Music*, University of California Press
- Brennan,Matt (2017) *When Genres Collide: Down Beat, Rolling Stone, and the Struggle between Jazz and Rock*, Bloomsbury Publishing.
- Fabbri, Franco (1982a) "A Theory of Musical Genres: Two Applications," in Horn, D. and Tagg, P., (Eds.) , *Popular Music Perspectives*, IASPM, Exeter: pp. 52–81.
- Fabbri, Franco (1982b) "What kind of music?", *Popular Music*, Volume 2 , January 1982: pp. 131–143.
- Fellezs, Kevin (2011) *Birds of Fire: Jazz, Rock, Funk, and the Creation of Fusion*, Duke University Press.
- Frith, Simon (1996) *Performing Rites: On the Value of Popular Music*, Oxford University Press.
- Guilbault, Jocelyne (1993) *Zouk: World Music in the West Indies*, University of Chicago Press.
- Hernandez, Deborah Pacini (1995) *Bachata: A Social History of Dominican Popular Music*, Temple University Press.
- Holt, Fabian (2007) *Genre in Popular Music*, University of Chicago Press.
- Lena, Jennifer C. (2012) *Banding Together: How Communities Create Genres in Popular Music*, Princeton University Press.
- Miller, Karl Hagstrom (2010) *Segregating Sound: Inventing Folk and Pop Music in the Age of Jim Crow*, Duke University Press.
- Neale, Stephen (1980) *Genre*, British Film Institute.
- Negus, Keith (1999) *Music Genres and Corporate Cultures*, Routledge.
- Palomino, Pablo (2020) *The Invention of Latin American Music: A Transnational History*, Oxford University Press.
- Toynbee, Jason (2000) *Making Popular Music: Musicians, Creativity and Institutions*, Hodder Education.

第2部 — 2

法

Law

キーワード KEYWORD
ローレンス・レッシグ、美的社会的イデオロギー、文化産業、音楽市場、メディア、テクノロジー、検閲、風営法、社会規範、文化振興、教育制度、審級、著作権法、編曲権、同一性保持権、ベルヌ条約、音楽メディア観

四つの制約要因

法学者、**ローレンス・レッシグ**は『CODE』（レッシグ 二〇〇一［一九九九］）において、社会における人びとの行動の制約要因を四つに分類した。「社会規範」「市場」「法」「アーキテクチャ」の四つである。レッシグはネット空間において、アナーキーな著作権無視の実践が拡大するという一般的な見方と逆に、現実空間以上に「アーキテクチャ」の制約が機能してしまう以上、著作権保護が過剰に強くなってしまうメカニズムを指摘する。われわれの生きる現実空間には、アーキテクチャの制約を逃れる「余白」が存在し、法の完全実行を貫徹することは困難なのだが、すべてがネットワーク上のアーキテクチャによりコントロールされるネット空間ではそのような余白は失われ、アーキテクチャの隙間の存在によって担保されていた社会的諸価値（たとえば「表現の自由」など）が危機に瀕するだろうと予告した。

レッシグの挙げる四つの契機をそれぞれ「**美的社会的イデオロギー**」「**文化産業と音楽市場**」「（文化

表現に関わる）法」「**メディア／テクノロジー**」と読み替えてみよう。これらはほぼポピュラー音楽研究における主要な研究関心と対応する。美的社会的イデオロギーを具体的に表象する音楽やその言説、文化産業の組織や活動、メディア／テクノロジーの歴史や影響がポピュラー音楽に及ぼす影響については、数多くの研究がなされてきた。だが「法」の水準について照準を定めた研究はこれら三つの領域に比べて著しく少ない。そのほとんどが（文化産業の利潤構造を担保するものとしての）著作権法に関するものか、あるいは**検閲**や**風営法**など文化の**社会規制**に関する法制度への注目であり、わずかに**文化振興**関係法、ほか**教育制度**などへの副次的な関心がみられる（宮入二〇一五、二〇一九、二〇二〇／小泉二〇〇〇／磯部二〇二二、二〇一三など）。

だがレッシグの指摘を容れるならば、インターネットを通じたコミュニケーションが現実社会と切り離しがたく広がっていく昨今、法の次元への関心が現代文化研究としてのポピュラー音楽研究においても重要になってくることは明らかだろう。

ただ（法学者にとっては異なるかもしれないが）ポピュラー音楽研究者にとっての法とは自律的な規範ではありえない。それは産業や聴衆、政治勢力の間の交渉や摩擦を反映するとともに、当該社会における美的社会的イデオロギーの歴史的蓄積に水路づけられるかたちで構築された言説体系でもある。またそれはメディアやテクノロジーのその時点でのあり方と密接に関わる［↓1－2テクノロジー］。法はつねにこれらの複数の契機との関係をはらみつつ、特定の時点でのそれらの布置を反映するかたちで成立し、強制力をもった規範として機能する。

言い換えるならば、文化研究にとって「法」とは社会に存在する複数の**審級**のうちのひとつであり、つねに他の審級との関係のなかでとらえられるべき対象である。法は決してすべてを制約する最終審級ではない。

著作権法はおそらくポピュラー音楽研究においてもっとも身近な法であろう。著作権法を研究する法学者がその法体系の自律性を前提したうえで整合的な解釈を行うとするならば、文化研究者はそれを複数の審級の合力により成立するものであり、同時にその規範的強制力を諸アクターが交渉し争う、ひとつの言説体系として扱うことになるだろう。具体的なケースで検討してみたい。

法的論理のなかの音楽

作曲家、佐藤眞の合唱曲〈大地讃頌〉がジャズ・バンドPE'Z（ペズ）によりカヴァーされたことに端を発する「大地讃頌」事件（二〇〇四年）は、法とそれら複数の審級が摩擦をきたす際の具体相をよく示している。ペズはライヴのレパートリーとしてきた〈大地讃頌〉を、二〇〇三年一一月にシングルCDとしてリリースするとともに、一二月のアルバム『極月』にも収録した。これら録音物のリリースにあたりペズ側は、同曲の著作権を管理するJASRAC（日本音楽著作権協会）に録音使用料を支払い、通常適正とみなされる権利処理を行っている。

オリジナルの〈大地讃頌〉と、ペズによるそのカヴァーを比較すると、原曲の四分の四拍子が八分の一二拍子に変更され、かつ変奏的なパートがいくつか追加されていることが確認できる。だが主旋律はさほど崩されることはなく、一般的なジャズの演奏慣習からすれば比較的原曲に忠実な部類のカヴァーとみなされよう。

しかし、この法的には適正な手続きを踏んで発売されたカヴァー曲は、作曲者からの思わぬ反応を呼ぶことになった。作曲家、つまり法的には〈大地讃頌〉の著作権者である佐藤は、カヴァー録音をリリースしたレコード会社、東芝EMI（当時）に対し二〇〇四年二月、CDの販売停止と同曲の演奏禁止を求め、東京地裁に仮処分を申請する。

ペズによる〈大地讃頌〉のカヴァーは「著作権法上の**編曲権**と**同一性保持権**を侵害するものである」というのが佐藤側の主張であった。東芝ＥＭＩはこれに対し法的に争う姿勢を一旦は示したが、最終的にはペズのメンバーの意思に基づき、佐藤の請求内容に全面的に同意する。ペズ側と東芝ＥＭＩはシングル「大地讃頌」とアルバム『極月』を三月二四日で出荷停止とし、今後の演奏停止を約束した謝罪文を発表したことで、佐藤も訴えを取り下げることになった。

　著作権法の論理のなかに本件を位置づけるならば、いくぶんか微妙な点はあるにせよ、佐藤側の主張に正当性が認められることとなりそうだ。佐藤が侵害を主張した編曲権、同一性保持権については、著作権法にはそれぞれ以下のように規定されている。

［翻訳権、翻案権等］

　第二七条　著作者は、その著作物を翻訳し、編曲し、若しくは変形し、又は脚色し、映画化し、その他翻案する権利を専有する。

［同一性保持権］

　第二〇条　著作者は、その著作物及びその題号の同一性を保持する権利を有し、その意に反してこれらの変更、切除その他の改変を受けないものとする。

　つまり、〈大地讃頌〉の著作者である佐藤は、その著作物を編曲する権利を専有しており、利用者に対して（自らの）「意に反する」変更を禁じる権利を持っている（この「意に反する」という規定は、著作権の国際条約である**ベルヌ条約**の規定に比して著作者により有利な規定であり、この点において日本法は国際水準よりも著作者の保護が強められている）。ジャズの基準では原曲に忠実なカヴァーとはいえ、明らかに原曲とカヴァー曲の間には「変更」が存在しており、それに関して佐藤が「意に反する」という意思表示を（仮処分の申請という形で）行っている以上、基本的には佐藤の主張は法的には正当であると推論することができる。おそらくこの法的な帰結を予測したうえで、東芝EMI側は佐藤と争わないことを決断したものと思われる。

しかし他方で、この法的な論理からの帰結は、現実の美的社会的イデオロギーや文化産業の慣習と素直に折り合うものとは言い難い。本件について佐藤側支持者とペズ側支持者のいずれからも、音楽実践の現場の論理が法的なメカニズムのなかでどのように扱われるのかについて裁判ではっきり示して欲しかった、という声が挙がっていることは興味深い。この事件を報じた新聞記事を見てみよう。

結果

発売元の東芝側は争う構えだったが、ペズが「作曲家への敬意を表したつもりが、逆に不愉快な気持ちを与えてしまったのなら……」と佐藤氏側の言い分を認め、出荷、演奏停止に至った。しかし、結論が出た後にも「訴訟になって『音楽とは何か』をきちんと明文化できた方がよかったかもしれない」という声が「両派」に残った。

作曲家優位派

「ペズの場合、五〇小節が九〇小節になっていて同じ曲のわけがない。荘重な曲のイメージが軽薄になっている。近年、あまりにも作曲家の意思を無視した軽々しい編曲やルーズな使用が多過ぎる。レコード会社との関係から、作曲家がものを言いにくい環境があるが、佐藤氏は独立した位置にいるので、提訴にまで至った。本当は明確な判例にしてもらいたかった」という意見が一方にある。

演奏家優位派

「ペズの演奏は、ジャズとして適正なアレンジの範囲内にある。原曲のメロディーもイメージも分かる。ペズを聴いて原形の合唱曲のよさに気づいたという声もある。楽譜に書かれた状態が音楽の原形であるなら演奏家はいらないし、作曲家に隷属することになる。演奏家も芸術家であることを忘れてはならない。特にアドリブが属性のジャズにとっては危機だ」というのが片方の代表的な意見である。

(毎日新聞二〇〇四年四月一三日付夕刊記事。川崎浩「鳥瞰憂歓：クラシックはジャズにできない? PE'Zの『合唱曲』演奏禁止」)

この新聞記事における「作曲家優位派」はクラシック的な美的社会的イデオロギーに立つ観点、「演奏家優位派」はジャズ的な美的社会的イデオロギーを優先させる観点と呼び換えることが可能だろう。いずれもが自身の持つ美的社会的イデオロギーを、確定判決というかたちで法制度が是認してくれることを望んでいる。だが、もし仮に判決が下り、それが自派にとって不都合なものであったとしても、両派はおそらく自らの観点を手放すことはないだろう。そして「法は音楽の現実(というよりも自派のイデオロギー)と食い違っている」という認識を持つことになるだろう。法の審級はここでは、美的社会的イデオロギーを支えるものであるよりも、それと対峙・交渉する審級としてあり、相異なる美的社会的イデオロギーはその規範性を争いあう。

音楽の論理と法的論理

メディア/テクノロジーの水準もまた本件の法的論理に摩擦を持ち込む。現行著作権法の**音楽メディア観**は、楽譜とその演奏、さらにその録音を通じて、一貫した「同一の作品」が存在しており、その作品(著作物)を(著)作者の権利が及ぶ対象と見なす観点を保持している。それは音楽著作権制度が萌芽した一九世紀の西洋クラシック音楽において支配的であったメディア観に他ならない（当時、音楽作品は楽譜によってのみ保持された）。演奏者は作曲者の楽譜による指示を忠実に実行（perform）する存在であり、演奏行為には副次的な創作性しか関与しない、という音楽コミュニケーションのあり方が音楽著作権制度の基盤にある［↓2-9楽曲］。

「楽譜を逸脱する演奏」が通例である音楽文化（ジャズ）や、「楽譜が重要ではない音楽」（ロックなど）では、楽譜／演奏／録音相互において、それぞれの水準ごとに音楽の姿が差異をはらむ。楽譜と演奏の間に差異を持ち込むのがジャズであり、演奏と録音の間に差異を持ち込むのがロックであり、録音と録音の間に差異を持ち込むのがテクノやヒップホップ、その他のデジタル音楽である、と図式的に整理することができよう。その差異こそがこれらの音楽の創作性をかたちづくる。だが著作権法は、ジャズ的な「楽譜を逸脱する演奏」を、クラシック的な「編曲」、すなわち作品の改作行為とし、楽譜と演奏の間にある差異＝創作性を承認することはない（大地讃頌事件の詳細は増田二〇〇六、一五七－一八一を参照）。

法制度のなかに概念化されたクラシック音楽的なメディア観は他の異なる音楽文化の経済に対して、ヘゲモニックな影響を与えることになろう。アメリカの口承フォーク・ソングは、一九世紀から二〇世紀にかけて多くの採譜者によって著作権登録が行われ、彼らの権利に服するものとなった。一九五〇年代のアメリカのR＆Bにおいて独創的なビート・パターンを案出したボ・ディドリーは、その模倣に対して法的権利を主張できなかった。

文化を経済的な権利に変換する著作権制度は、多様な音楽実践をクラシック的なメディア観へと水路づける。そのことはまた、法的水準が持つメディア観を共有しない音楽実践者やリスナーたちにおいて、著作権制度がもつ音楽観への批判的見方を醸成することにもなるだろう。かくして法と社会とは不断の摩擦を繰り返していくことになるのだ。

このように、法は音楽実践に対して規範的な強制力をもたらすが、同時に法はそれが成立した時点での特定の美的社会的イデオロギーや産業組織、メディアやテクノロジーの布置の反映として存在する。音楽をめぐって法的な争いが生じるとき、それら諸アクター（それは必ずしも訴訟当事者とは限らない）は法が持つ規範性を獲得しようとし、自らの正当性を主張するだろう。そして法的判断が自らの美的社会的イデオロギーや産業的利害と齟齬をきたすとき、それをやり過ごそうとしたり（「法は音楽の本質を理解していない」といった言説が強化されるなど）あるいは著しく不都合な際には法改正を訴えることもあるだろう。またメディア・テクノロジーの発展と変容は、法の想定外の音楽実践（たとえば近年のＡＩによる創作の進展とそれをめぐる法的判断の混乱）を生み出してゆくだろう。

それら複数の審級の衝突と摩擦のなかにあるものとして法をとらえ、音楽実践との関係を位置づけていくこと。ポピュラー音楽研究における「法」とはそのような視座により把握される「社会のなかにある」規範的言説に他ならない。

なお、著作権法に関する文献は膨大に存在するが、専門的な著作権法学の議論（それも重要だが）よりも、現行著作権制度に批判的な文化論や技術制度論に（ポピュラー音楽研究の観点からは）有益な観点を与えられることが多い。名和小太郎『ディジタル著作権』（二〇〇四）や山田奨治『著作権は文化を発展させるのか』（二〇一一）、福井健策『改訂版　著作権とは何か』（二〇二〇）などの諸作を徴されることをお勧めする。

日本の音楽産業における著作権実務については安藤和宏『よくわかる音楽著作権ビジネス』シリーズが定番の教科書となっている。

増田聡

参考文献

- 磯部涼編著（二〇一二）『踊ってはいけない国、日本――風営法問題と過剰規制される社会』河出書房新社
- 磯部涼編著（二〇一三）『踊ってはいけない国で、踊り続けるために――風営法問題と社会の変え方』河出書房新社
- 小泉恭子（二〇〇〇）「ポピュラー音楽と教育」、『ポピュラー音楽研究』四、四六―五七頁
- 名和小太郎（二〇〇四）『ディジタル著作権――二重標準の時代へ』みすず書房
- 福井健策（二〇二〇）『改訂版　著作権とは何か――文化と創造のゆくえ』集英社
- 増田聡（二〇〇六）『聴衆をつくる――音楽批評の解体文法』青土社
- 宮入恭平（二〇一五）「規制される文化実践――今日の社会における監視の影響」、『研究紀要』国立音楽大学、五〇、一八一―一九二頁
- 宮入恭平（二〇二〇）「ライブハウスの悲劇――文化か、それとも文化産業か」、『研究紀要』国立音楽大学、五五、七五―八四頁
- 宮入恭平（二〇一九）「法律」、『ライブカルチャーの教科書――音楽から読み解く現代社会』、青弓社、四六―五八頁
- 山田奨治（二〇二一）『著作権は文化を発展させるのか――人権と文化コモンズ』人文書院
- レッシグ、ローレンス（二〇〇一［一九九九］）『CODE――インターネットの合法・違法・プライバシー』山形浩生＋柏木亮二訳、翔泳社

第2部—3　文字　Publishing

キーワード KEYWORD
広告、カタログ、批評、ユーザーコメント、ビクター、音楽の商品化、音楽の情報化、ディスコグラフィー、ファンジン、音楽雑誌、あらえびす、新しい知識人、匿名の言説

広告——音楽商品の人格化

ポピュラー音楽が「商品としての流通を前提とする音楽」であるとすれば、関連する文字も商品のことを書いている［↓1-3 コマーシャリズム／キャピタリズム］。書く主体が、生産者・仲介者・消費者、いかなる立場であろうとも、公に出回り不特定の人びとに読まれる場合には、商品情報を伝達し需要を喚起する。その意味で、ポピュラー音楽言説の基本的な形態のひとつは、**広告**であるといえる。

しかし、音楽は非物質的現象であるうえに、前史においては自律的価値を持つ「芸術」と認識された。音楽広告が扱うのは実際に取引されるモノではないし、広告される音楽は、社会通念上、商品経済とは相容れなかった。そのために、早い段階から逆説的な方法が採用された。製品の魅力を直接アピールするのではなく、むしろ「商品ではない」ことを喧伝して商品価値を高めたのである。

その広告手法のベンチマークとされるのは、一九〇一年創業の「ビクター・トーキング・マシーン」

である。当初からソフト開発に傾注したビクターは、基幹事業としてオペラ歌手を軸に据えた高価格盤「レッドレーベル」を開始する。このプロジェクトは、「高級文化」の御旗のもとに自社製品のイメージ向上を図る、いわば音楽商品の高級化を狙う戦略だったが、その一環として印刷媒体での広告掲載を大規模に展開した。ビクターは一九〇一年から一九二九年までに五二七〇万ドルの広告費を投じ、一九二三年には雑誌・新聞全体で第一位の広告主となった。

そこで大々的に宣伝されたのは、歌手のイメージ——声・顔・名声・雰囲気——だった。たとえば、最初期にあたる一九〇三年の広告を見ると、「世界的セレブリティの生の声」との見出しで、一三人のレッドレーベル歌手の顔写真が額縁状に配置され、「ヨーロッパを震撼させる新星テノール歌手」「グランドオペラ界のスター」といったキャッチコピーが並んでいる。写真はレコードに刻まれた声の主を指示し、文字がその人物像を修辞している。図像・文字によって構成される広告は、レコードに刻まれた声を合成して、歌手のイメージを造形した。

この手法は一九一〇年代にさらに洗練を経る。音楽史家のデヴィッド・スイスマンが指摘するように、歌手の「パーソナリティ」を具体的に描写し、商品と同一視させていったのである（Suisman 2009, 128–139）。レッドレーベルの代表格でもっとも頻繁に広告に登場したエンリコ・カルーソは、舞台衣装からパーティーでの歓談まで公私にわたる姿を披露し、以下のような文言で売り出された。「ビクターレコードのカルーソの声はカルーソそのものです。〔…〕カルーソのレコードは、彼の芸術だけではなく、パーソナリティをもたらしてくれるのです」（Victor Talking Machine, 1913, Advertisement for Caruso's "Celeste Aida"）

商品に音楽の主が宿るかのような幻想を与える。広告は、テオドール・W・アドルノが音楽の「物神崇拝」と非難したものを露骨に実践していたといえるが、そこで「偶像」に祭りあげられたのが、作品ではなく、歌手・実演家だったことは重要である。社会学者の南田勝也が論じるように、以降のポピュラー音楽言説は、アーティストの「価値増幅」を中心に展開したからだ（南田 二〇〇八）。歌手の人物像を探りそのイメージを録音物に投影する。今日の音楽言説に遍在するその書法は、音楽商品の「非商品化」の産物ともいえるのである。

カタログ──音楽商品の情報化

ポピュラー音楽にまつわる文字形態で、とりわけ定型的なスタイルを持つのが、**レコードカタログ**である。主な構成要素は、録音物に関する情報──作詞作曲編曲家、実演家、レコードレーベル、レコード番号、配給会社、発売日、価格など──で、一般的に「**ディスコグラフィー**」と呼ばれる。多くの場合は、その情報を囲むように図像や文章が付加される。このヴァリエーションが、厳選したレコードをグラフィカルに紹介する「ディスクガイド」で、今日でも需要のある出版物である。

レコードカタログは、広告と同じく初期レコード会社が発明した。早くは一八九〇年代にその原型が見られるが、この分野でもビクターが牽引役を果たしていた。ビクターは、月刊・年刊の定期カタログから、蓄音機、外国レコードのカタログまで手広く出版していたが、その狙いは商品目録の作成に留まらなかった。アーティストの略歴、写真、購入の手引き、作品概要などが含まれており、解説書の機能が備えられていた。レコードカタログは、当初から読み物となることが想定されており、無味乾燥な情報の羅列ではなかった。

録音物情報を音楽解説と結びつける戦略が際立つのが、教育分野への進出である。一九一〇年代のビクターは、音楽教育家のフランシス・E・クラークをディレクターに迎え、レコードリスト付きのガイドブックを複数出版した。このうち『Music Appreciation for Little Children』が、日本の音楽鑑賞教育の原典とされたことが音楽教育史では知られている。商品カタログと参考書の境界をあいまいにする。ここにも、非商品性を装う戦略が隠れている。カタログと教育の親和性は、その形式も関係している。ディスコグラフィーは、書誌学を模範とした分類体系を持ち、記載情報や表記方法が統一されている。価値中立的な「データ」の体裁をとるため、学術・教育的文章と相性が良い。レコードリストは参考文献に相同する参考音源となり、掲げられたレコードは資料として出典される。広告が商品を人格化したのに対し、カタログはそれを情報化した。音楽商品の非商品化はロマン主義と合理主義の両面で展開されたのである。

レコードカタログを消費者の側で受け継いだのは、熱心なレコード愛好家である。音楽系**ファンジン**でもっとも古いタイプは、コレクター雑誌であるが、共通していたのは「シーンを創造したり批評したりするのではなく、歴史の祝福に関心を集中させること」だった(Frith 2002)。コレクター雑誌は、録音物情報を資料として歴史を記述した。ただし「実証的」に記されたその歴史は、産業動向に埋もれたレコードを陳列して市場に送り込んでもいた。補完的な商品カタログとして機能することも、この言説の生命線なのである。

批評──「新しい知識人」の文化闘争

ポピュラー音楽の**批評**を「商品として流通する音楽を、商品生産者とは別の第三者が価値判断して文章化し、公表したもの」と広くとらえるならば、その起点は一九二〇年代に登場したレコード批評に求めることができる。一九二三年イギリスの小説家コンプトン・マッケンジーが創刊した『ザ・グラモフォン』がその先駆で、アメリカの『フォノグラフ・マンスリー・レヴュー』が続いた。日本でも小説家の野村胡堂（筆名は「あらえびす」）をリーダーに一九二〇年代後半から『レコード音楽』『ディスク』などの雑誌が現れた。これら初発の動きからジャズ批評、ロック批評まで共通する特徴として、正統文化／大衆文化／産業文化にまたがる不安定な立場があることを指摘したい。

初期レコード批評はクラシック音楽に偏っていたものの、伝統的な批評共同体に属したわけではない。レコードについて書くことを「素人」「愛好家」の領分とし、従来の音楽界との差別化を図った。こうしたディレッタントのロールモデルとなったのが、マッケンジーや野村で、それぞれオックスフォード、東京帝国大学出身の文人だった。高学歴のアマチュアが学問的な知識を駆使して新興の音楽文化を擁護する。ジャズとロックの批評もよく似た先駆者を持っている。ピーエル・ブルデューは、正統化の途上にある文化に知的情熱を注ぐプチブルを、皮肉まじりに「新しい知識人」と呼んだが（ブルデュー 一九九〇［一九七九］）、レコード批評家はその典型である。

他方、批評家は大衆文化のなかではエリートであり、読者もエリート志向だった。批評はすべての音楽消費に必要なわけではない。クラシック、ジャズ、ロックの批評が早い段階で誕生したのは、その音楽を楽しむために言語的理解を必要とする聴衆がいたからである。流行歌は歴史的遺産になるまで批評の埒外にあった。ジェイソン・トインビーが指摘するように、ポピュラー音楽の批評は「解釈共同体」の形成・参加に自覚的な少数者のためにあり、批評家はそのエリートサークルの趣味を選定する「門番」の役割を果たしてきた（Toynbee 1993, 299）。そのために市場プレゼンスとしてはマイナーな音楽であっても、むしろマイナーな音楽こそ過剰に書かれてきたのである［↓1-5 クラス］。

さらに批評のアンビバレンスは、レコード産業との関係にも存在する。レコード会社が売り出す商品に依存しつつ自律性を確保する、微妙な立場に置かれたからである。音楽の価値を論じるのか、商品の価値を宣伝するのか、批評と売文を区別しつつ両方をこなすという矛盾を抱えたのだ（Frith 2019, 519）。実際、彼らの収入源のひとつはレコード産業のなかにあり、当初から商品に付属する解説文を寄稿したり企画盤の制作に携わったりしていた。ここで美的自律性は、クラシックやモダン・ジャズでは商業的にマイナーなことで担保されたが、主流音楽に他ならないロックの批評では、より繊細な差別化、妥協、調停が必要になった。

広範に及ぶそれらの内容に踏み込む余裕はない。比較的研究の蓄積がある日本のロック雑誌の系譜について言及すると、グラビア中心のスター崇拝（『ミュージック・ライフ』）から、活字中心のジャーナリズム（『ニューミュージック・マガジン』）、印象批評の導入（『ロッキン・オン』）を経て、洋楽偏重が緩和され、国内サブカルチャーを後援する方向（『宝島』）に向かったことが指摘されている（篠原 二〇〇四、南田 二〇〇八）。

いずれにおいても、ポピュラー音楽の批評は、複数の文化空間を往来することで発展を遂げてきた。それらは先行する文化を知的供給源としながら、新たな「解釈共同体」を形成し、音楽産業のなかに一定の地位を確保する、「新しい知識人」たちの文化闘争の記録として読むことができる。

ユーザーコメント――消費者の声の顕在化

最後に、インターネット環境の普及以降に浮上した新しいタイプの文字のあり方にも触れておきたい。SNSやYouTube、各種インターネット・サービスに投稿される**ユーザーコメント**である。不特定の消費者によって書き込まれる文字の渦が、以上に概観した広告や批評のありかたに変化をもたらしているのは明らかだ。音楽産業は、オープンアクセス化した消費者の声を統計処理してマーケティングに活用しているし、批評は、音楽雑誌の事実上の衰退のなかで特権性を失い、匿名レヴューとの競合を強いられている。

メディア研究者の古賀豊は、ユーザーコメントの特徴を「公的に流通する私的な内容を備えた言説」であると論じている。出版社、編集者によるチェック機能が働いた批評とは異なり、匿名のコメントは、第三者による選定や修正を経ずに投稿され、不特定の読者に届く。この前提のもとに書かれる文章は、アーティストや作品を主題にするよりも、「酒を飲みながら聞くと滲みる」といったように、音楽を聴取した自分自身の体験を綴る傾向があり「匿名・不特定な第三者の友人からのメッセージ」としての側面を備えている（古賀 二〇一七）。

古賀の分析対象は、比較的長文で書かれる音源レヴューだが、「公的に流通する私的な内容を備えた言説」は、SNSや動画サイトに投稿される短文にこそ顕著である。動画や音源を検索して鑑賞し、いいねボタンを押し、他者のコメントを読んでフィードバックする。双方向的なやりとりのなかで発せられる「メッセージ」であるからだ。ユーザーコメントは、断続的に繰り広げられるコミュニケーションの一部である。日常会話の一コマに近く、聴取体験（「泣きました」）も作品評価（「神」）も他者との共有（「〜好きと繋がりたい」）も、消費者の「ニーズ」が直裁に表される。実際、従来の「口コミ」の延長とみなされることも多く、そうであるからこそ、マーケティング調査の恰好のサンプルとされる［↓2-8 聴衆／ファン、1-8デジタル］。

アーティストの「声」の人格化から始まった音楽広告は、消費者の「声」を情報化して市場行動につなぐ、円環的な手法を築きつつある。そのサイクルのなかでは、たしかに批評の影響力は低下している。

しかし、もともと批評が仲介していたのは、効率的な商品流通だけではない。複数の文化空間の交点に位置し、市場の周縁に置かれた音楽に商品価値を、文化的正統性の周縁に置かれた音楽商品に文化的価値を付与する役割を担ってきた。音楽／商品の価値変換に立ち入る流動者にとって、匿名消費者の言説空間は、記名した文字を紡ぐための新たな猟場にもなっているのである。

大嶌徹

参考文献

- アドルノ、テオドール（一九九八［一九六三］）『不協和音』三光長治、高辻知義訳、平凡社
- 古賀豊（二〇一七）「音楽をめぐる言説の現在――ディスク・レビューの内容分析」、『ポピュラー音楽研究』第二〇号、三―二〇頁
- 篠原章（二〇〇四）『日本ロック雑誌クロニクル』太田出版
- ブルデュー、ピエール（一九九〇［一九七九］）『ディスタンクシオン〈2〉社会的判断力批判』石井洋二郎訳、藤原書店
- 南田勝也（二〇〇八）「音楽言説空間の変容――価値増幅装置（アンプリファイ）としての活字メディア」、東谷護編『拡散する音楽文化をどうとらえるか』勁草書房、一三三―一六三頁
- Frith, Simon (2002) "Fragments of a Sociology of Rock Criticism," in Jones, Steve(ed.)*Pop Music and Press*, Temple University Press: pp. 235–246.
- Frith, Simon (2019) "Writing about Popular Music," Dingle, Chritopher(ed.) in*The Cambridge History of Music Criticism*, Cambridge University Press: pp. 502–526
- Suisman, David (2009) *Selling sounds: The commercial revolution in American music*, Harvard University Press.
- Toynbee, Jason (1993) "Policing Bohemia, pinning up grunge: the music press and generic change in British pop and rock," in *Popular Music*, vol.12, no.3: pp. 289–300.

放送

第2部—4　Broadcasting

キーワード KEYWORD

ラジオ・スター、商業放送、芸能、スポンサー（広告主）、ポピュラリティ、クルーナー、国民的アイドル、間メディア性、マルチ・タレント、メディア・ミックス、タイ・アップ、アイドル、タレント、芸能人、ディスク・ジョッキー、トップ40

放送とポピュラー音楽

　テレビをつければ、音楽番組がやっていて、CMは音楽とともに流れ、ドラマやアニメには主題歌があって、アイドルやミュージシャンは歌ったり踊ったりドラマで役者をしたりヴァラエティ番組に出演したり、なかには番組の司会をしたりする者もいる。ラジオをつければ、ヒット曲や売り出し中の曲から特定ジャンルの曲が流れている。目をこらし耳をすませば、放送は音楽で溢れていることに気づく。クラシック音楽や民俗音楽もあるが、やはりもっとも多いのはポピュラー音楽だ。

　ここでは、放送とポピュラー音楽の多様な結びつきの一例を、そのルーツとともに示したい。とくに、**ラジオ・スター**に焦点を当てる。なぜラジオでなぜスターなのか。それは、放送におけるアイドル、タレント、芸能人的なものや、メディア・ミックスや広告など、放送とポピュラー音楽の結びつきのルーツであるといえるからだ。

　舞台は、戦前米国のラジオである。放送の起源はラジオで、ラジオ放送始まりの地は米国である。米国のラジオ放送は一九二〇年に始まり、数年でスポンサーからの広告収入による**商業放送**の業態が確立した（このことは、二五年に公共放送として始まった日本のラジオと大きく異なる）。米国のラジオは、二六〜二七年の二大ネットワーク（NBCとCBS）開局以降、文化と情報の中心を担うマス・メディアとして急成長し、世界大恐慌で停滞した娯楽産業のパフォーマーが流入して一気に**芸能**の中心地ともなった。三〇〜四〇年代にかけて「黄金時代」と称される最盛期を迎え、五〇年代に「テレビの時代」が到来しラジオの盛期は終わりを迎える。

「ラジオとポピュラー音楽」といえば、ディスク・ジョッキー（日本ではラジオ・パーソナリティの呼称が一般的だ）が選曲した音源を聴くさまが思い浮かぶが、それは一九四〇〜五〇年代の米国で定着したスタイルである。それ以前は、生放送かつ生演奏が普通で、人気のパフォーマーはラジオ・スターとして親しまれ、彼らはポピュラー文化のメインストリームを牽引する存在だった。

以下より、一九二〇年代の米国ラジオ放送産業の様相についてみていくことになる。いまやネット全盛の時代で、テレビなんか、ましてラジオなんか、という読者も少なくないだろうが、そんな人にも示唆を得るものがあるはずだ。では、stay tuned...

ラジオ・スターの誕生

ラジオ・スターの誕生に不可欠だったのは、米国ラジオ放送独自の産業構造、とくに二大ネットワーク局と**スポンサー（広告主）**との関わりである。NBCの親会社RCAと、CBSの親会社コロンビア・フォノグラフは、ともに放送局・レコード会社・映画会社を傘下にもつ複合企業であり、二九年の世界大恐慌で映画・レコード産業が打撃を受けるなか、開局まもないNBCとCBSは広告代理店と協働してスポンサー収入による放送事業を発展させ、米国ラジオ放送産業の覇権を握っていった。

スポンサーからの広告費は局の収入源ゆえ、スポンサー提供の番組は人気や好感、聴取率などの**ポピュラリティ**が最重要とされ、番組制作と出演者選定の大部分を時流の分析に長けた広告代理店が担った。スポンサー番組のなかでもっとも多く制作されたジャンルである「ヴァラエティ」は、司会者が仕切りつつゲストやレギュラー出演者がトークや音楽や寸劇などを繰り広げる形式で、二〇～三〇年代の間プライムタイムに放送される番組のなかでもっとも人気を博していた。広告は、現代のように番組の合間にCMが流れる「スポット広告」ではなく、番組名にスポンサーの企業名や商品名を入れたり、番組内で音楽やトークのなかにスポンサーを想起させるワードを入れたりするもので、いわば番組そのものが広告だった（Taylor 2012）［↓2-3 文字］。

スポンサー番組は、当時主流の文字や図像による「視る広告」とは異なる「聴く広告」である。それゆえ、広告代理店と放送局は、知名度だけでなくリスナーの耳に訴求する感情表現に優れ親しみのある声をもったパフォーマーを求めるようになった。とくに、番組の進行役である司会者は、番組の「顔」あるいは「看板」になることが期待され、リスナーに伝わるパーソナリティ（人柄、個性）によって他番組との差異化が図られた（Meyeres 2014）。

こうした変化をふまえ二大ネットワークは、映画やブロードウェイの俳優、ヴォードヴィリアン、ジャズ楽団のバンドリーダーなど、諸領域の著名パフォーマーとの出演契約を競って結び始めた。加えて、ラジオで活躍できそうな無名パフォーマーのスカウトやオーディションも活発に行った。そこで見初められた者は、番組の司会者、レコード歌手、映画俳優として活動することが約束された。以降、それらを同時にこなすパフォーマーが急増し、やがてその人たちはラジオ・スターと称され始めた。

クルーナー――ラジオ発（初）の国民的アイドル

ラジオ・スターはどういう存在か、その最初期に社会現象的人気を博した**クルーナー**（ささやくように歌う好青年の白人男性パフォーマーの総称）を例にみよう。

一九二八年、大学生バンドのリーダーだったルディ・ヴァリ（二七歳）は、彼の声に惚れ込んだ女性幹部のスカウトによりNBCと契約、翌年にプライムタイムのヴァラエティ番組の司会者に抜擢され（三〇年の聴取率一位）、NBCの親会社であるRCA傘下のRCAビクターからレコードが発売され（二九年で最多の売上）、同じく傘下の映画会社RKO作品で主演を務め、その主題歌もレコードとして発売された（ヒットしたが演技は酷評された）。

ヴァリのささやくような甘い歌声（クルーニング）と柔和な話し声は、とくに女性から絶大な人気を博し、新聞などで**国民的アイドル**（national idol）と取り沙汰され、一躍時の人となったヴァリに「クルーナー」という呼び名が与えられた。三一年、CBSはスカウトした当時無名のビング・クロスビー（二八歳）をクルーナーとして売り出し、司会者、歌手、俳優として同じく人気を博す。同年にNBCと契約したラス・コロンボ（二三歳）も然りであった。その女性人気ゆえ、クルーナーはしばしば男性から嫉妬や揶揄の対象となった。彼らを皮肉ったディック・ロバートソンのポピュラー・ソング〈クロスビー・コロンボ・アンド・ヴァリ〉（一九三一）では、世の男たちにとってクルーナーは女をかっさらう「public enemy（公敵）」と歌われた。

ラジオ・スターの最たる特徴は、クルーナーのようにメディアをまたいで経験される**間メディア性**（intermediality）にある。ラジオ・スターの多くが、司会者、歌手、俳優をこなすマルチ・タレントであり、ファン雑誌や新聞、広告にも写真やイラストで頻繁に現れた。つまり、ラジオ・スターは多分に視聴覚的な存在だったのである。アリソン・マクラケンによれば、クルーナー・ブームの初期、彼らの歌声はか細く「男らしくない」と男性から常々非難され、とりわけヴァリは写真や映画での見た目も柔和で「女々しい奴」と厳しく揶揄されたが、クロスビーは映画では溌剌とした「男らしさ」に溢れており、はじめ声（聴覚）から定着したクルーナーのイメージは、クロスビーの身体（視覚）によって更新され、次第に男性からも支持されるようになったという（McCracken 2015）。

このように、ラジオ・スターは番組（スポンサー）の顔であり、マルチ・タレントであり、現在でいう**メディア・ミックス**あるいは**タイ・アップ**のような販売戦略によってプロモーションされていた。その表出と受容の形態を見れば、現在の**アイドル**、**タレント**、**芸能人**の存在様式のルーツに位置づけることも可能だろう。

ラジオからテレビへ

ミュージカル映画とスウィング・ジャズとティン・パン・アレー製のポピュラー・ソングが流行し、ラジオの「黄金時代」であった一九三〇年代から第二次大戦期でも、ラジオ・スターの人気が衰えることはなかった。大戦中、ラジオ・スターは戦地への慰問や戦時公債募集のチャリティ番組、通称「マラソン放送（radiothon/telethon＝『24時間テレビ』のルーツ）」に出演するなど国民的存在であった。

戦後、一九四一年に放送を開始したテレビが台頭し、一九五〇年代前半から本格的な「テレビの時代」が到来した。居間のラジオがテレビに置きかわると同時にトランジスタ・ラジオとカー・ラジオが普及し、ラジオはパーソナルかつポータブルなメディアとなった。ネットワーク局はテレビに舵を切り、ラジオの人気番組とラジオ・スターはこぞってテレビへ移り、テレビはマス・メディアの座についた。それからテレビは、スポットＣＭや収録番組の登場など多くの変化はあるものの、基本的には先述したラジオ時代の仕組みが長らく維持されることになる（Murray 2005）。

一方ラジオは、戦後十年で全米のローカル局数が三倍に増えるなか、**ディスク・ジョッキー**が番組を進行しながらレコードを選曲し流すスタイルや、時流のヒット曲の断片を流す『**トップ40**』など、録音物による新たなポピュラー音楽番組のフォーマットを生み出していった。そのころのラジオは、音楽著作権等の問題を背景に、ティン・パン・アレーなど従来の都市に住む白人中産階級向けのメインストリームの音楽ではなく、リズム・アンド・ブルースといった郊外の住民や黒人や労働者階級の間で親しまれる音楽を流すようになっていた。それは全米各地のリスナーの耳に届き、のちのロックンロール・ブームを生む契機ともなった（大和田二〇一一）。メンフィスの青年エルヴィス・プレスリーが初めてレコーディングした一九五三年、日本ではＮＨＫと民間放送局がテレビ放送を開始、テレビの時代が始まることになる。

以上、米国のラジオ・スターを中心に放送とポピュラー音楽の関係をみてきた。日本の状況と照合してみると、ルーツといえるところもあれば、芸能プロダクションの存在などまったく異なる文脈から形成されたものもある。日本固有のポピュラー音楽と放送の関係について、広告音楽、メディア・ミックスやタイアップなどの販売戦略、芸能プロダクションとの関わりなどについては、生明（二〇〇四）、小川ほか（二〇〇五）、周東（二〇二二）が参考になるだろう。

福永健一

参考文献

- 生明俊雄（二〇〇四）『ポピュラー音楽は誰が作るのか――音楽産業の政治学』勁草書房
- 小川博司ほか（二〇〇五）『メディア時代の広告と音楽――変容するCMと音楽化社会』新曜社
- 大和田俊之（二〇一一）『アメリカ音楽史――ミンストレル・ショウ、ブルースからヒップホップまで』講談社
- 周東美材（二〇一三）『「未熟さ」の系譜――宝塚からジャニーズまで』新潮社
- McCracken, Allison (2015) *Real Men Don't Sing: Crooning in American Culture*, Duke University Press.
- Meyers, Cynthia (2014) *A Word from our Sponsor: Admen, Advertising, and the Golden Age of Radio*, Fordham University Press.
- Murray, Susan (2005) *Hitch Your Antenna to the Stars: Early Television and Broadcast Stardom*, Routledge.
- Taylor, Timothy (2012) *The Sounds of Capitalism: Advertising, Music, and the Conquest of Culture*, University of Chicago Press.

第2部 ― 5

映像

Video

キーワード KEYWORD

映画、テレビ、ビデオ、ジャズ・シンガー、エルヴィス・プレスリー、ザ・ビートルズ、ニューウェイヴ、ミュージック・ビデオ（MV）、MTV、YouTube、ニコニコ動画、TikTok

ポピュラー音楽と映像をめぐるメディア技術史へ

ポピュラー音楽と映像の関わりは密接で、かつ長い歴史を持っている。そもそも映像作品を制作するうえで音楽は欠かすことのできない要素のひとつである。また音楽の側から見ても、これまで多くのミュージシャンが映像を使って自身の音楽を視覚的に表現してきた。ポピュラー音楽と映像は互いに利用しあいながら、それぞれの表現の可能性を広げてきたのである。本項ではポピュラー音楽と映像の関わりの歴史を紐解きながら、両者の関係がメディア技術の変遷とともにどのように変化してきたかを概観してみたい［→1-2テクノロジー、1-8デジタル、3-3アニメ］。

なお本項では紙幅の都合上海外の事例を中心に紹介するが、日本でもポピュラー音楽と映像は密接に結びつきながら展開してきた。こうした日本におけるポピュラー音楽と映像の関わりの歴史については、速水（二〇〇七）、生明（二〇二〇）、塚田（二〇二一）などを参照してほしい。

ポピュラー音楽と映画・テレビの関わり

ポピュラー音楽と映像の関わりについて考えるうえでひとつの出発点になるのが、一九二七年にアメリカで公開された**映画『ジャズ・シンガー』**であろう。この作品は登場人物の音声と映像を同期させた初めての長編映画として知られ、映画史上きわめて重要な作品として位置づけられている。しかし実際に作品を見てみると、映画内で展開する登場人物の会話のほとんどは字幕で表現されており、大半のシーンでは喋っている声を聞くことはできない。この作品内で映像と音声が同期している場面の多くは、登場人物が会話をするシーンではなく、主人公のジェイキーが歌っているシーンである。

『ジャズ・シンガー』は、酒場で歌っていたジェイキー少年が厳格な父親に勘当されるシーンから始まる。その後、プロのジャズ・シンガーとして活動するようになったジェイキーは父親と和解し、父親はジェイキーの歌声を聴きながら息を引き取る。そして映画はステージ上のジェイキーが母親に感謝の歌を捧げるシーンでクライマックスを迎える。本作品の主人公を演じたアル・ジョルソンは白人で、顔を黒塗りにし、現在では典型的なミンストレルであるとして批判されることが多い。しかし、音声と映像を初めて同期させた長編映画『ジャズ・シンガー』は、ジャズの歌い手と家族の物語であり、同期しているシーンの大半が主人公の歌唱シーンであった点は、ポピュラー音楽と映像の分かちがたい結びつきを象徴しているといえるだろう。

『ジャズ・シンガー』が公開された二年後の一九二九年には、アメリカの黒人女性歌手ベッシー・スミス主演の短編映画『セントルイス・ブルース』が公開されている。ベッシー・スミスは一九二五年にジャズのスタンダード・ナンバーとして知られる〈セントルイス・ブルース〉をカヴァーしてヒットを収めており、この短編映画は〈セントルイス・ブルース〉で歌われている物語のイメージを映像で表現しようとしたものだった［↓1-7レイス］。

ポピュラー音楽と映像の関わりが始まった初期の段階では、映画が重要な役割を果たしていた。しかし第二次世界大戦後の各国で**テレビ**放送が始まると、両者の関係はテレビを介してより強固なものになっていく。なかでも一九五〇年代のアメリカで爆発的な人気を獲得しロックンロールの黄金時代を築いた**エルヴィス・プレスリー**は、テレビの影響力を最大限に利用したミュージシャンだった。自らの歌にあわせて激しく腰を振るエルヴィスのパフォーマンスはテレビを通して全米に放送され、性的で野蛮な存在として大人たちの反感を買ったが、多くの若者はテレビ画面に映し出される彼のセクシーな姿に魅了された。当時アメリカでもっとも人気があったヴァラエティ・ショー番組である『エド・サリヴァン・ショー』に初出演した一九五六年九月九日には、全米の視聴者の八二・六％にあたる五四〇〇万人がエルヴィスのパフォーマンスをテレビで見守ったという（メイソン 二〇〇五［二〇〇三］、六）。

一九六二年にイギリスでレコード・デビューし、瞬く間に世界的な大スターへと上りつめたロック・グループの**ザ・ビートルズ**について考えるうえでも、テレビの影響力を無視することはできない。一九六四年二月に初めてのアメリカツアーを実施したビートルズは、その合間を縫って『エド・サリヴァン・ショー』に三週連続で登場している。初回放送時はプレスリーの回を超える七三〇〇万人がこの番組を視聴し、当時のアメリカの最高視聴率を塗り替えたという（ルイソン 一九九四［一九九二］、一八二）。

ビートルズは一方で、テレビ以外の映像を積極的に活用しながら自らの表現の幅を広げたグループでもあった。たとえばビートルズの主演映画『ハード・デイズ・ナイト』（一九六四）は、彼らの日常をドキュメンタリー風に映し出したフィクション作品で、それまでの音楽映画とは一線を画す斬新な構成の映画として高く評価された。またビートルズのメンバーが音楽の力で愛と平和を取り戻すために冒険の旅に出るアニメ映画『イエロー・サブマリン』(一九六八)は、合成麻薬LSDの服用者が体験するというサイケデリック(超現実的)な世界観が表現された作品で、実写では不可能なアニメならではの映像が展開されている。

さらにビートルズは、一九六六年八月二九日のサンフランシスコ公演を最後にコンサート活動を終了しスタジオでの楽曲制作に専念するようになるが、動くビートルズの姿が見たいファンの声に応えるために、彼らは楽曲のリリースにあわせてプロモーション映像を制作しテレビ局に提供した。たとえば代表曲のひとつである〈ストロベリーフィールズ・フォーエバー〉(一九六七)のプロモーション映像は、メンバーの演奏・歌唱シーンを一切使わず、夜の公園で樹木に縛り付けられたピアノにメンバーがペンキを塗りたくる内容の作品で、シュールレアリスムの影響を受けたと思しき実験的な映像になっている。ビートルズは、ポピュラー音楽と映像の新たな可能性を切り開いたパイオニアでもあったのだ(サエキ二〇一一、四六–四八)。

ミュージック・ビデオ——音楽と映像の融合

一九七〇年代に入るとロック・ミュージックは細分化の一途をたどり往時の勢いを失っていくが、その一方で一九七〇年代半ばに起きたパンク(既存の価値観を否定し、反体制・反権力を訴えたロック・ミュージックの一ジャンル)の流行は、それまでになかった先進的な表現を志向するミュージシャンを相次いで生み出した。とくにパンクの影響を強く受けたイギリスでは、中性的なルックスや電子楽器の多用、ラテン音楽や現代音楽との融合など実験的な試みを行うミュージシャンが現れ、総称して**ニューウェイヴ**と呼ばれるようになった。

新しい表現を追求するニューウェイヴのミュージシャンは、当時の最新技術である**ビデオ**を使った映像制作に積極的に取り組んだ。それまで映像作品の多くはフィルムで撮影されていたが、フィルムは暗室で現像しないと撮った映像を確認することができなかったり、上書きができなかったり、編集するには物理的に切り貼りする必要があったりするなど、制作に多大な手間とコストが要求されていた。しかし映像を磁気的にテープに記録するビデオは、再生装置とモニターさえあれば撮ったその場で内容を確認することができ、またテープへの上書きも可能で、フィルムに比べて低コストでの映像制作を可能にした。そのためビデオが普及し始めた一九七〇年代後半以降、XTC、ポリス、デュラン・デュランなど、多くのニューウェイヴのミュージシャンが、ビデオを使って制作した実験的な映像作品、すなわち**ミュージック・ビデオ（MV）**を発表するようになった。

こうした流れを受けて、アメリカでは一九八一年にMVだけを二四時間放送し続ける専門チャンネルの**MTV**（Music Television）が開局した。MTVの開局後最初に放送されたMVは、ラジオ・スターがビデオの普及によって存在感を失っていく時代の変化を歌った、バグルス〈ラジオ・スターの悲劇〉（一九七九）だったといわれている。ポピュラー音楽が視覚的に消費されるようになった当時の状況を象徴する一曲である［↓2-4 放送］。

その後MTVで放送される作品に刺激を受けたアメリカのミュージシャンもMVの制作に乗り出すようになり、マイケル・ジャクソンやマドンナ、シンディ・ローパーなどが、ハリウッドの全面協力を得た豪華なMVを武器にスターへの階段を駆け上がっていった。なかでも一九八三年に発表されたマイケル・ジャクソン〈スリラー〉のMVは、マイケルが大勢のゾンビとともに真夜中の街で華麗に踊る作品で、八〇万ドルにも及ぶ制作費とそのストーリー性、凝った特殊メイクなどが大きな話題を呼んだ。メイキング映像を収めたビデオ作品『メイキング・マイケル・ジャクソンズ・スリラー』（一九八三）は、全世界で一〇〇〇万本以上の売上を記録した（グラント 二〇〇九［二〇〇九］、一〇〇）。

ビデオの登場は、作る側のみならず見る側にも大きな変化をもたらした（山田 一九九二、二〇五－二〇七）。一九八〇年代は世界的にビデオデッキが普及した時代であり、とくに日本は世界最大のビデオデッキの生産・輸出国であった。日本初のMV専門チャンネル、スペースシャワーTVが開局するのは一九八九年だが、日本ではその前の一九八〇年代前半から『ベストヒットUSA』をはじめ、MVを中心に紹介するテレビ音楽番組が放送されており、ファンはビデオデッキを使ってこれらの番組を録画し、自分だけのMVのコレクションを作りあげていた（溝尻 二〇二二、一四四－一四八）。一九八〇年代は、MVが新たなポピュラー音楽のコンテンツとして世界的に影響力を持つようになった時代だったといえる。

デジタル時代のポピュラー音楽と映像・動画文化

MVは当時最新のデジタル技術だったCG（コンピューター・グラフィックス）を用いた映像の実験場にもなった。ゴドレイ&クレームの〈クライ〉（一九八五）で、歌い手の顔が別人の顔に滑らかに変化していくモーフィングと呼ばれるCG技術が使われたのを端緒に、マイケル・ジャクソン〈ブラック・オア・ホワイト〉（一九九一）、ファットボーイ・スリム〈ライト・ヒア・ライト・ナウ〉（一九九八）、そしてビョーク〈オール・イズ・フル・オブ・ラヴ〉（一九九九）などに、一九九〇年代に起きたCG技術の高度化を見てとることができる。

二〇〇〇年代以降急速に普及したインターネットは、次第にデジタル回線を通して音楽コンテンツを流通・消費するための基本的なインフラとして機能するようになった。とくに二〇〇五年にアメリカでサービスが始まった動画共有サイトYouTubeと、二〇〇七年の iPhone 発売をきっかけに爆発的に普及したスマートフォンは、手のひらサイズの端末でインターネットにアクセスし、いつでもどこでも世界中の音楽を楽しめる環境を実現した。著作権侵害を恐れる音楽業界は当初 YouTube 上にMVを無料公開することに否定的だったが、再生回数に応じて広告収入を得られる仕組みが整うにつれ、むしろ積極的にMVを公開するようになる。短くてインパクトのある映像が求められる動画共有サイトにとって、MVは最適なコンテンツであった[↓1-8デジタル]。

さらに動画共有サイトが人気を獲得した背景を考えるうえで、プロ以外の人びとも自分で作った音楽動画を公開・共有するようになった点は重要であろう。たとえば二〇〇七年に日本でサービスが始まった動画共有サイトの**ニコニコ動画**では、ボーカロイドと呼ばれる人工音声合成ソフトを使って制作・公開した音楽作品に、他のユーザーがアニメ動画を付加したり、「歌ってみた」や「踊ってみた」動画を公開したりするなど、ユーザー同士で音楽動画を生産・消費するサイクルが生まれた(柴 二〇一四)。米津玄師やYOASOBI、Adoをはじめ、二〇一〇年代から二〇二〇年代前半にかけて日本の音楽チャートを賑わせた楽曲には、こうしたサイクルのなかから生み出された作品を多々見てとることができる。海外に目を向けても、ジャスティン・ビーバーなど YouTube への音楽動画の投稿をきっかけにスターになるミュージシャンが現れている[↓3-10アマチュアリズム]。

さらに二〇一七年に始まった動画SNS、**TikTok**は、登録された楽曲を使った一五秒〜三分程度の短い動画を自由に投稿できるサービスを展開し、二〇二一年までに一〇億人を超えるユーザーを獲得した。アメリカのラッパー、リル・ナズ・Xを筆頭に、TikTok 動画の素材として使用され「バズった」楽曲が、その後他の動画共有サイトでも視聴されるようになり、さらに音楽サブスクリプション・サービスなどさまざまな回路を通して世界的な人気を獲得するといった事例も起きている［↓2－8 聴衆／ファン］。

誰もがインターネットを介してコミュニケーションや自己表現ができるようになった現在、映像を視聴するときだけではなく、映像を作るうえでもポピュラー音楽の存在は欠かせないものになっている。ユーザーたちが自分自身で音楽を使った映像を制作し公開することで、さらなる表現が誘発され世界中に拡散される、そんな時代を私たちは生きているのである。

溝尻真也

参考文献

- 生明俊雄（二〇二〇）『日本の流行歌――栄枯盛衰の一〇〇年、そしてこれから』ミネルヴァ書房
- グラント、エイドリアン（二〇〇九［二〇〇九］）『マイケル・ジャクソン全記録――1958–2009』吉岡正晴訳・監修、ユーメイド
- サエキけんぞう（二〇一一）『ロックとメディア社会』新泉社
- 柴那典（二〇一四）『初音ミクはなぜ世界を変えたのか？』太田出版
- 塚田修一（二〇二二）「日本におけるミュージックビデオの展開――テレビメディアとの共起と別離」、『メディア情報研究』第七号、二一一－三二頁
- 速水健朗（二〇〇七）『タイアップの歌謡史』洋泉社
- 溝尻真也（二〇二二）「放送番組の保存と所有をめぐる系譜学――一九七〇－八〇年代の音楽ファンとエアチェック文化」、永田大輔＋近藤和都＋溝尻真也＋飯田豊『ビデオのメディア論』青弓社、一一六－一五八頁
- メイソン、ボビー・アン（二〇〇五［二〇〇三］）『ペンギン評伝双書 エルヴィス・プレスリー』外岡尚美訳、岩波書店
- 山田晴通（一九九二）「「見る」ロックと「ロック」する映像」、キーワード事典編集部編『ロックの冒険・スタイル篇』洋泉社、二〇〇－二〇九頁
- ルイソン、マーク（一九九四［一九九二］）『ザ・ビートルズ／全記録1――1957–1964』ビートルズ・シネクラブ監修・訳、プロデュース・センター出版局

第2部―6 場所 Place

キーワード KEYWORD
グローバリゼーション、ローカリゼーション、ライヴ、空間、場所、モビリティ、ミュージック・ツーリズム、フェスティヴァル、スタジアム・アリーナ、ライヴハウス、サウス・バイ・サウス・ウェスト、クリエイティブ・クラス、ジェントリフィケーション

ポピュラー音楽と場所をめぐる議論は、おおよそ**グローバリゼーション**と**ローカリゼーション**という、二つの論点に集約される。前者は、ある場所で録音された音楽が配給され、遠く離れた場所で聞かれることを想定するとわかりやすい。ラジオ、レコード、テレビ、インターネットなどのメディアを介して音楽は世界中を駆け巡り、社会のなかを移動するのである。他方で、音楽は特定の場所と結びつけられることがある。しばしば都市や国家は、音楽家が出会い音楽がぶつかり混ざり合う結節点、ユニークな音楽が生まれる場所として想定され、その例はリバプール・サウンド、シカゴ・ブルース、UKロック、渋谷系など枚挙にいとまがない。キース・ニーガスによると前者は「録音されたポピュラー音楽を世界中に配給している力学」、後者はポピュラー音楽が「どうやってある特定の場所と結びつくようになるのか」という問題意識に結びつく（ニーガス 二〇〇四［一九九六］、二四一）。

音楽と場所をめぐる議論は、とりわけ珍しいものではなく、学術的研究も多く発表されている

(Bennet and Peterson ed. 2004, 福屋 二〇一〇、安田 二〇一四、増淵 二〇一九、加藤 二〇二〇など)。むしろ音楽に関する言説のスタンダードな部類といえなくもないが、この議論は近年別の角度から脚光を浴びている。すなわち**ライヴ**音楽と場所に関する議論であり、音楽を媒介として人びとが移動し、特定の場所に集まる現象についてである。それは二〇〇〇年以降の人びとの音楽への態度や産業構造の変化に関連しており、CDなどのパッケージ商品と入れ替わるようにライヴ市場が成長を遂げたという、音楽が置かれた社会的状況を反映したものだといえるだろう。

ところで社会学や人文地理学などでは「**空間**(space)」と「**場所**(place)」はしばしば区別されるものと考えられる。その概念をめぐっては多くの論者が筆を尽くしており(レルフ 一九九九[一九七六]、トゥアン 一九九三[一九七七]など)、ここで精査する余裕はないが、空間とは物理的な条件のことであり、それが何らかの意味を持つことで場所となる。たとえば無人のライヴ会場はただの客観的な空間であるが、ひとたびそこで音楽が演奏されると、人びとにとって思い入れのある主観的な場所になる。そして、アーティストは親密さの証として「トーキョー!」のように、オーディエンスを都市名(場所)で呼ぶ。音楽が空間を場所にする機能に注目するならば、ポピュラー音楽と場所をめぐる議論は、ライヴを題材とすることで、より直感的でダイレクトなトピックになったといえるだろう。それは古くて新しい議論である。以下ではライヴに焦点を絞り、それがいかに人びとを移動させ、都市の発展に影響を与えるかをみてみよう[↓3-6 シティ]。

観光の添え物からメインディッシュへ

二〇〇〇年以降ライヴ市場は大きく成長した。コンサートプロモーターズ協会によるとコロナ前の二〇一九年の日本のライヴ市場は公演数が三万一八八九本、市場規模が三六六五億円であり、いずれも二〇年前の三倍近い数値となっている。会場規模別の動員数でいえば、とりわけ成長が著しいのは「**スタジアム・アリーナ**」クラスの公演であるが、公演数は「**ライヴハウス**」がもっとも多い。地域別では「関東」が圧倒的に大きな市場ではあるが、その他の地方も動員数はおおむね成長傾向にある。また野外を中心にフェスも多く開催されており、多種多様なコンサートやライヴが、一年を通じて行われている。

こうした現象の背景に、インターネットをはじめとする情報技術や交通インフラの発展を挙げることができる。ジョン・アーリは現代社会の特徴のひとつとして「**モビリティ**（移動性）」の高まりを挙げている。それは、システムやネットワークが整うことで、人・物・金・情報・イメージなどが頻繁に行き交う状態を示す（アーリ二〇一五［二〇〇七］）。ライヴ市場の成長の背景には「移動の自由」が増大したことがある。世界的な大スターのワールド・ツアーは以前からグローバリゼーションの象徴であったが、今日のライヴではオーディエンスもまた移動するのである。

とくにヨーロッパではこの傾向が顕著であり、音楽への観光的な関心が高まった。**ミュージック・ツーリズム**の可能性に早い段階で反応したのはイギリスである。UK music の報告書によると、イギリスで二〇一九年に音楽イベントを訪れた旅行者は一二六〇万人であり、消費総額は四七億ポンドにのぼる。その背景には、格安航空券の登場やEU圏内の移動が容易になったことがある。なお、国内のツーリストの平均消費額が一八三ポンドであるのに対し、海外からのツーリストは八八九ポンドと一人当たりの消費額が大きくなる傾向があるという。また同報告書は、二〇一九年にミュージック・ツーリズムは合計四万五六三三人のフルタイム雇用を支え、二〇一六年の数値を一五％上回ったことを指摘する（UK music 2020）。

八木良太によるとミュージック・ツーリズムは音楽にゆかりのある地を巡る「聖地巡礼型」と音楽イベントやレッスンへの参加を目的とした「音楽体験型」に二分され、地域振興や経済、雇用の活性化から後者への期待が高まっている（八木 二〇二〇、二〇）。そこでは「イベントに合わせて行われる旅行と凝集した共在の時間が生み出される」（アーリ 二〇一五［二〇一七］、三四五）のであり、ライヴはそれらを促進する装置としての重要性を高めている。今日のライヴは、時間、空間といった概念や出来事の共有に関しての再考を促しているといえよう。これまでは観光における「添え物」であった音楽が「メインディッシュ」になったのである。

こうしたライヴの活況は、インターネットをはじめとするメディアによって増幅される。この傾向はSNSやショートムービーなどの発展により加速している。その際には「若者」や「女性」など特定のイメージが頻出する。非日常的で活気のある映像が繰り返されることとは、都市のブランディングにとって重要であるが、そこに登場する人びとのジェンダーや属性などの偏りには注意が必要だろう［↓1－4コロニアリズム／ポストコロニアリズム］。

都市の変容とライヴ音楽

ライヴ音楽と場所に関する議論は、都市変容のダイナミズムとの関連においてとらえなければならない。ファビアン・ホルトは都市におけるロック・クラブを歴史的にとらえる際に「**ジェントリフィケーション**」概念を用い、レジャー施設の特徴と機能の根本的な変化を説明し、都市の広範な変化にどのように適応していくかを示している（Holt 2021）。

たとえば、ニューヨークにおいては、かつてローワーイーストサイドのボヘミアンな地域にあったCBGBをはじめとする小規模でインフォーマルなロック・クラブが「神話」を形成したが、現在では、

「商業的なインディ・コンサートシアター」という別のモデルに支配されているという。たしかに、都心部から外れたところにある、ミュージシャンや芸術家のコミュニティとして機能していた店舗が地価高騰によって立ち退きを余儀なくされ、再開発後にはそのエリアに企業資本の大規模なクラブができ、新住民や外部からの来客で賑わうというのはジェントリフィケーションの典型である。

しかし、今日のライヴ・シーンの発展は市場・企業の主導で成長した面も多いとはいえ、「コミュニティを崩壊させた」として商業化を全面的に非難すべきではないだろう。八木が指摘するように聖地巡礼型のミュージック・ツーリズムでは観光産業だけがステークホルダーになるのに対し、音楽体験型の場合は文化産業の発展にも寄与するのである。近年ではライヴと都市をめぐる議論に文化経済学、**クリエイティブ・クラス**論といった関心が加わり、より多くの注目を集めるにいたっている。

フェスと都市の発展に関する調査を行った社会学者のジョナサン・ウィンは都市に対して「一時的な祝祭が与える長期間の影響」について論じる際に四つの指標を用いる（Wynn 2015）。今日のフェスは定期的に、同じ場所で行われるものが多く、地域に密接なことが特徴である。ウィンによると、フェスはその都市が有する以下の資源を動員して開催される。

一つ目は「経済的資源」で、制作や予算など運営資金に関する地域の経済力である。

二つ目は「物理的・空間的資源」であり、フェスの会場となるコンベンションセンター、公園、ストリート、コンサートホールなど物理的なインフラである。これらは「ある」だけでなく、密集していることも重要な要件となる。

三つ目は「社会・文化的資源」であり、イベントに関わる人のつながりやネットワークである。文化産業や観光産業従事者だけでなく、ボランティア参加の市民の存在もイベント運営には欠かせない。また、ローカル・ミュージシャンの存在もイベントの特色を表すものとして重要である。

四つ目は「象徴的資源」でイメージやアイデアなど、都市のブランディングに関わるものである。それが「自然に囲まれて」いるのか「都会的」なのかといった地域イメージはそのままフェスの魅力につながる。

フェスの成功は経済波及効果や、文化的施設や飲食店の建設や出店、関係人口の増加や地域アイデンティティの強化、都市のブランド力向上などの資源を増やすことにつながるのである。

こうした都市とフェスの相互作用について、もっとも有名な成功事例としてアメリカのテキサス州オースティンで毎年三月に行われる**サウス・バイ・サウスウェスト**（以下ＳＸＳＷ）を挙げることができるだろう。

一九八七年にローカルな音楽フェスティヴァルとしてはじまったＳＸＳＷは、映画やテクノロジーなどを含めた総合的なインタラクティヴ・フェスティヴァルとして発展した。メイン会場だけでなく、街のいたるところで開催される音楽ライヴやカンファレンスは都市の風景を一変させ、今日では日本を含めて世界中から多くの人びとがフェスティヴァルを目当てにやってくる。公式発表によると、コロナ前の二〇一九年には全公式イベントの総参加者数は二八万人を超え、経済効果は三億五五九〇万ドルに上った。その大きさと複雑さゆえにＳＸＳＷは一年を通した運営体制をとっており、正社員、臨時社員、季節労働者などのスタッフを擁している（SXSW 2019）。

このイベントの様子はまた、インターネットや報道機関によって、世界中に発信される。オリンピックやスーパーボウルが莫大な資金を必要とするわりには、開催都市が毎回変わってしまうのに対し、ＳＸＳＷは、毎年同じ場所で開催し、メディアへの露出を増やすことでアイデンティティを確立し、維持しているのである。

SXSWがオースティンに与えた影響は、これにとどまらない。一九九〇年には五〇万人以下だった同市の人口は二〇二〇年には約九六万人にまで増加した。同市が抱えるハイテク企業が多く集まるシリコンヒルズの存在が発展の大きな要因であることはいうまでもないが、ウィンはかつてであれば卒業を機にその地を離れていた大学生の定住や、クリエイティブ・クラスの増加を狙った成長戦略におけるSXSWの重要性を指摘する。短期的には経済効果が注目されがちだが、中長期的にみれば、フェスは都市を変容させる可能性を秘めているといえるだろう。

開かれた議論のために

二〇二〇年以降の新型コロナウイルスの感染拡大は、それまで堅調だったライヴ・シーンに大きな影を落とした。移動することも集まることも禁じられるなか、ライヴは「不要不急」の代名詞のように扱われ、多くのライヴやフェスが中止に追い込まれた。配信ライヴに注目が集まり急速に普及したものの、いくつかの成果のほかに目立った展開はなかった。とりわけフェスの配信は苦戦を強いられることになり、場所や体験の代替不可能性を露わにしたといえるだろう。

コロナ禍においてはライヴやフェスを開催するにあたって、その意味や意義を問われ、表明しなければいけない場面が多くなっている。これまで「ライヴが盛りあがっている」とはいいつつ、じつは「防音扉やゲートのなかの閉じられた世界の出来事」でしかなかったという事実を突きつけられているようである。ライヴが持つ公共性についての議論が十分されてこなかったことに対するツケともいえる。アジェンダを提供するにはマクロな視点から状況を俯瞰するだけはなく、ミクロなアプローチも有効である。生井達也（二〇二二）が描くライヴハウスのエスノグラフィーは、ライヴハウスの実態を、またはある時代のライヴハウスのあり方を知るうえで、きわめて重要である。

音楽と場所に関する議論は、ライヴを中心に置くことで多くの可能性を秘めている。ただし日本においての実証的な研究は少なく、大いに発展の余地があるといえるだろう。

永井純一

参考文献

- アーリ、ジョン（二〇一五［二〇〇七］）『モビリティーズ――移動の社会学』吉原直樹＋伊東嘉高訳、作品社
- 加藤賢（二〇二〇）「渋谷に召還される〈渋谷系〉――ポピュラー音楽におけるローカリティの構築と変容」、『ポピュラー音楽研究』二四巻、一七―三四頁
- トゥアン、イーフー（一九九三［一九七七］）『空間の経験』山本浩訳、筑摩書房
- 生井達也（二〇二二）『ライブハウスの人類学』晃洋書房
- ニーガス、キース（二〇〇四［一九九六］）『ポピュラー音楽理論入門』安田昌弘訳、水声社
- 福屋利信（二〇一〇）『ビートルズ都市論――リヴァプール、ハンブルグ、ロンドン、東京』幻冬舎
- 増淵敏之（二〇一九）『「湘南」の誕生――音楽とポップ・カルチャーが果たした役割』リットー・ミュージック
- レルフ、エドワード（一九九九［一九七六］）『場所の現象学――没場所性を越えて』高野岳彦＋阿部隆＋石山美也子訳、筑摩書房
- 八木良太（二〇二〇）『それでも音楽はまちを救う』イースト・プレス
- 安田昌弘（二〇一四）「文化のグローバル化と実践の空間性について――京都ブルースを事例に」、東谷護編著『ポピュラー音楽から問う――日本文化再考』せりか書房、二〇七―二四四頁
- コンサートプロモーターズ協会 https://www.acpc.or.jp/marketing/kiso.php（二〇二二年一二月一〇日アクセス）
- Bennett, Andy and Richard A. Peterson (ed.) (2004) *Music Scenes: Local, Translocal and Virtual*, Vanderbilt University Press
- Holt, Fabian (2021) *Everyone Loves Live Music: A Theory of Performance Institutions*, University of Chicago Press.
- SXSW (2019) "Analysis of The Economic Benefit to The City of Austin from SXSW 2019."
- UK Music (2020) Music-by-Numbers-2020.
- Wynn, Jonathan R. (2015) *Music/City: American Festivals and Placemaking in Austin, Nashville, and Newport*, University of Chicago Press.

第2部 ― 7 Performance/body

パフォーマンス／身体

キーワード KEYWORD
エンターテインメント、身体、ダンス、衣装、メイク、小道具、演劇、交流、関係性、振付、パーソナリティ、感情商品、感情労働、労働、生活、職業達成

ポピュラー音楽とパフォーマンス論

音楽とパフォーマンスについてはさまざまな視点からの研究を想定することが可能だが、本節ではまずおもに**身体**を使ってポピュラー音楽をパフォーマンスする形式の**エンターテインメント**を論じる先行研究について概観する。また次節以降は、さまざまな形態でのパフォーマンスを行う歌手としてアイドルを取りあげ、ポピュラー音楽における「パフォーマンス」の幅広さを整理する。そしてパフォーマーの生活や労働に関する研究を紹介しながら、音楽活動を行う身体について再検討したい。

とはいえ、ポピュラー音楽とパフォーマンスに焦点を当てた研究はそれほど多くない。小川博司は、テレビの台頭以降の「ヒット曲」研究について、視聴覚メディアを通じた曲の広がりに言及しながら、ポピュラー音楽が人びとを引きつける要素のひとつに「歌手のパフォーマンス、キャラクター、声など」があることを指摘しているが（小川 一九九七、

四）、「これらについて、私たちはいまだ十分な語彙をもっているとはいえない」と小川は続けており、二〇二三年現在でもこの議論はあまり進んでいないといえよう。しかし、これらの要素一つひとつをパフォーマンスとして論じることで、ポピュラー音楽を表現する手段が多様であり、歌手や演奏者の身体がパフォーマンスの根幹にあることを確認できる。

いまやあらゆるジャンルの歌手が音楽をパフォーマンスしており、**ダンス**、**衣装**、**メイク**、**小道具**、**演劇**などさまざまな演出について論じることが可能だ。関口義人は『ヒップホップ！　黒い断層と21世紀』のなかでブレイクダンスに言及しており（関口二〇一三）［↓3－4スポーツ］、また井上貴子はロック・バンドとしての「私的経験」を分析するなかで「ファッション」についても記述している（井上一九九九、六七）。さらにヴィジュアル系バンドに関する研究では、ファッションやメイクを含む楽曲やバンドの世界観を表現する演出、パフォーマンス、ヴィジュアル系バンドに特徴的な表象を取りあげている（井上ほか二〇一三、齋藤二〇一八など）［↓3－2ファッション］。

また、イアン・イングリスの編著である『Performance and Popular Music: History, Place and Time』においては、各章ごとにアーティストのある特定のパフォーマンスに焦点を当てながら、視覚的なパフォーマンスがステージ、あるいはメディアを通じて観客を動かす事例として、その影響や社会背景について論じている（Inglis 2006）。

そして音楽を表現することのみがパフォーマンスであるとも限らない。ナンシー・ベイムは、『Playing to the Crowd: Musicians, Audiences, and the Intimate Work of Connection』で、歌手や演奏者と観客とのオンライン上での**交流**やそこに築かれる**関係性**についてインタヴュー調査を通じて迫っている（Baym 2018）。メディア環境の変化にともなって、音楽を聴く、観る手段も多様になり、パフォーマンスを享受する仕方や何をパフォーマンスするかは多岐にわたっていく。

アイドルというパフォーマンス

こうしたパフォーマンスという言葉が意味するものの幅広さを実感する、ポピュラー音楽の事例のひとつに「アイドル」がある。アイドルという表現形式、芸能ジャンル、またそのように呼ばれる歌手は、とくにパフォーマンスとの結びつきが強い。場合によっては楽曲そのものよりもパフォーマンスの方が印象に残ることもあるほど、アイドルの姿は身体表現や表情、仕草によってイメージされることが多い。アイドルによる演技は非常に多層的であり、歌やダンスはもちろん、音楽パフォーマンスに付随するファンとの交流、歌唱以外の場での演技のほか、身のこなしや振る舞い、オンラインでの文章や画像、動画の投稿などすべての活動をパフォーマンスとしてとらえることが可能である。

ダンサーでアイドルの**振付**を数多く手掛ける竹中夏海は、アイドルのダンスの特徴にまず「歌詞と振付のリンク」を挙げている。言葉とジェスチャーのリンクによって楽曲のメッセージや物語を表現することはアイドルのダンスに多い（たとえばキャンディーズ〈年下の男の子〉（一九七五）など）。場合によっては、振付師とアイドルによって「歌詞カード以上の物語を〝振付によって広げる〟ことも可能」になるように（たとえばPerfume〈チョコレイト・ディスコ〉（二〇〇七）など）、楽曲を表現する手段としてアイドルのダンス・パフォーマンスは機能する。しかしさらに、竹中はアイドル・ダンスの特徴として、「『ダンスをみせる』のではなく、まず「その子自身をみせること」に重きが置かれ」るという点を他ジャンルのダンスパフォーマンスとの違いとしている（竹中二〇一二）。

香月孝史は「アイドルの自意識、より広く表現すればアイドルの**パーソナリティ**が享受対象となること」を今日的なアイドルの「共通項」であると提言した（香月二〇一四、一〇三）。言い換えればアイドルについてはそのパーソナリティを開示するあらゆる場面がパフォーマンスとなる。それは、竹中が指摘するように音楽を表現する身体パフォーマンスにおいても、つねにパーソナリティが前景化するということでもある。

それはベイムも指摘しているように音楽を表現する場以外でも上演可能であり、パフォーマーと聴衆との関係性において生まれる感情がある種のパフォーマンスとなる。

毛利嘉孝によれば、二〇〇〇年代以降のJ－POPはより聴衆の日常生活に入り込む形で「浸透」し、楽曲に「共感」することが重視されている。「現在J－POPのアーティストが作り出しているのは楽曲という具体的な生産物ではなく、むしろ「共感」や「癒し」といった抽象的で非物質的な感情商品」であるとされるように（毛利二〇一六、二三〇－二三二）、音楽を通じて生み出される感情の変化が受け手に楽しまれる対象となっている。毛利は、送り手のパーソナリティがパフォーマンスとして提供される一例として、アイドルがファンとの交流の場で見せる「日常的に見せる笑顔」を「感情労働の一バージョン」と提示する（前掲、二三二）。

しかし、受け手の共感や興奮が「商品」としてコンテンツ化するうえで、アイドルのパーソナリティを個人の人柄として素朴にとらえることも純粋にパフォーマンスととらえることも、正確ではないことに留意しておきたい。感情やパーソナリティを商品として完全に個人から引き離して論じることは容易ではなく、パフォーマンスには上演する人間の身体が必要であることを念頭において議論すべきである。

労働としての音楽

感情商品に関連して、芸能者、表現者のパフォーマンスに関わる概念が**感情労働**である。A・R・ホックシールドによれば、感情規則に従って感情管理を行うことを職務として要求される感情労働者は「心の状態」を顧客に対する商品とする〔ホックシールド 二〇〇〇〔一九八三〕、六―七〕。しかし歌唱やダンスの演技によって、また一方的なメッセージや相互的なコミュニケーションによって聴衆、観客の感情に変化を与える一連の行為を「感情労働」とするには多くの留保が求められる。演技において感情管理は不可欠であり、感情管理そのものがパフォーマンスでもあるからだ。また、パフォーマンス全般について労働ととらえることが可能であるか、という問題もある。

しかし、一九七〇年代のアメリカのロック文化を背景にすると、音楽産業における創造的な活動は、ポスト・フォーディズム的な働き方、「ポスト・モダン的な生産様式」において理想とされた〔毛利 二〇一六、八〇〕。フォーディズムに見られる大量生産、効率重視の生産過程とは異なる、その非物質的な生産が、ミュージシャンが「音楽」から自由になることで徹底されつつあるとすれば〔前掲、二二二〕、感情労働としての音楽活動はポスト・フォーディズム的労働とも換言できるかもしれない。しかし、歌手や演奏者による労働、また生活としての音楽活動に向き合うには、パフォーマンスする身体の有限性と困難を検討する必要がある。

社会学者の上岡磨奈はアイドルの芸能活動と生活について論じ、アイドルの労働性とその困難を指摘した〔上岡 二〇二二〕。アイドルの姿を社会に生きる人間として提示し、彼らを取り巻く社会状況と芸能界の構造が抱える課題を分析している。またバンド活動を行う人びとの生活や職業達成については野村駿の「夢追いバンドマン」を対象とした一連の研究がある〔野村 二〇一九など〕。音楽活動で成功しようとするロック・ミュージシャンの事例を通して、職業達成の過程で経験する労働条件や問題点を明らかにしている。

ポピュラー音楽とパフォーマンスについて論じるうえでは、あらゆる分野の音楽や芸能、身体を用いるさまざまな活動について注目することが可能であり、今後の議論の深化は必須である。メディアを通じて、また目の前のステージから届けられるパフォーマンスはどこか別世界のように感じられ、聴衆の享受の対象となる。しかし、上演する身体は表裏一体となってそこにある。パフォーマーを通じて見えるエンターテインメントの課題に対峙することが求められる。

上岡磨奈

参考文献

- 井上貴子（一九九九）「「逸脱」を演じる――女の子バンド体験からみた〈ロックと性〉」、北川純子編『鳴り響く性――日本のポピュラー音楽とジェンダー』勁草書房、五八－八三頁
- 井上貴子、室田尚子、森川卓夫、小泉恭子（二〇一三）『ヴィジュアル系の時代――ロック・化粧・ジェンダー』青弓社
- 小川博司（一九九七）「ポピュラー音楽研究の困難と課題」、『ポピュラー音楽研究』第一巻、二－一六頁
- 香月孝史（二〇一四）『「アイドル」の読み方――混乱する「語り」を問う』青弓社
- 香月孝史（二〇二〇）『乃木坂46のドラマトゥルギー――演じる身体／フィクション／静かな成熟』青弓社
- 上岡磨奈（二〇二二）「アイドルは労働者なのか――「好きなこと」を「やらせてもらっている」という語りから問う」、田島悠来編著『アイドル・スタディーズ――研究のための視点、問い、方法』明石書店、三一－四二頁
- 齋藤宗昭（二〇一八）「ヴィジュアル系ロックの社会経済学」関西大学博士論文
- 関口義人（二〇一三）『ヒップホップ！――黒い断層と21世紀』青弓社
- 竹中夏海（二〇一二）『IDOL DANCE!!!――歌って踊るカワイイ女の子がいる限り、世界は楽しい』ポット出版
- 野村駿（二〇一九）「不完全な職業達成過程と労働問題――バンドマンの音楽活動にみるネットワーク形成のパラドクス」、『労働社会学研究』二〇巻、一－二三頁
- ホックシールド、A・R（二〇〇〇［一九八三］）『管理される心――感情が商品になるとき』石川准＋室伏亜希訳、世界思想社
- 毛利嘉孝（二〇一二）『増補 ポピュラー音楽と資本主義』せりか書房
- Baym, Nancy K. (2018) *Playing to the Crowd Musicians, Audiences, and the Intimate Work of Connection Postmillennial Pop*, NYU Press.
- Inglis, Ian (Ed.) (2006) *Published Performance and Popular Music History, Place and Time*. Routledge.

第2部—8

聴衆／ファン

Audience/Fan

キーワード KEYWORD
ミュージッキング、クリストファー・スモール、ヘンリー・ジェンキンス、ド・セルトー、密猟、解釈共同体、参加型文化、ファン労働、フェミニズム批評、ファンガール、グルーピー、シッパー、ファンダム、ファンベース、デジタル・ファンダム

ファンやモノにみる「ミュージッキング」

二〇二二年五月、熱気に包まれるさいたまスーパーアリーナに響き渡ったのは歓声——ではなく拍手のような、しかし拍手よりもはるかに大きなバチバチという破裂音だった。音の正体は紙でできたハンドクラッパー、つまりハリセンである【図1】。この日、会場ではコロナ禍の空白期間を経てK-POPボーイズ・グループ「SEVENTEEN」のファンミーティングが開催されていた。音を鳴らすのは彼らとの再開を待ち望んでいた三万人超の「CARAT（ファンネーム）」たち。じつはこのクラッパー、メンバーへのサプライズ企画のため主催者から来場者へ配布された「スローガン」を活用したものだった。スローガンとは応援メッセージやアイドルの名前が書かれたK-POPファンの定番応援グッズのことで、紙の裏面には次のような説明書きがある。

スローガン利用法：①配布されたらスローガンの

図1　会場で配られたスローガン（上）とそれを折って作ったハンドクラッパー（下）

案内線に沿って、前後に折って扇型を作ってください。②公演が始まったら歓声の代わりにスローガンを利用して応援してください。
※本スローガンはCLAPPERとしてご利用いただけます。
スローガンEVENT：①アンコールが終わったら折っていたスローガンを広げてください。②ステージが始まったらスローガンのコメントと部分がよく見えるように開いて、メンバーたちに見せてください。

アンコールが始まるとファンが一斉にハリセンを開き、メンバーたちに「사랑의 힘으로 다시 만날 수 있었어（愛の力でまた会えたね）」と書かれたスローガンを見せて気持ちを伝える、という仕掛けだ。つまり、「声出しＮＧ」という制限のなか、クラッパーは「歓声」の代わりに「音」、そして「文字」で会場の一体感を作り出すメディアだといえる。彼らに限らず、コロナ禍以降は多くのＫ－ＰＯＰグループがこのスローガン兼クラッパーを導入した。

こうした応援グッズひとつをとってもわかるように、ライヴ会場とは「聴衆（audience）／ファン（fan）」が受動的に音楽を聴きに行くだけの空間ではない。それはモノをも含む雑多なアクターが織りなす「**出来事としての音楽**」が実践される場だ。このように音楽を完成された作品（テクスト）としてとらえるのではなく、活動や出来事（音楽すること）としてとらえるべく「**ミュージッキング**」という概念を提唱したのが**クリストファー・スモール**である（スモール 二〇一一［一九九二］）。ファンの躍動する身体がクラッパーを介して音を鳴り響かせ、アーティストとライヴ空間を作りあげることはその典型だが、他にもペンライトを振ること、応援うちわを作って公演に備えること、デジタル・チケットの同行者登録なども広義のミュージッキングに含まれうる。なぜならば、この概念は音楽が演奏される場に限らず、聴取を含むあらゆる音楽経験が生成される場を包含するからだ［↓2−6 場所］。

ところで、「歓声NG」というルールのもとでクラッパーが配布されたものの、すべてのファンがこれを遵守し、一言も声を発さずにいたのかといえば、そうではない。アイドルの登場に思わず黄色い声をあげる者、周囲のファンとおしゃべりをする者もいるだろう。では、そんな人たちはクラシック音楽のコンサートに足を運ぶ「真面目な聴衆」とは違い、まともに音楽に耳を傾けない「不真面目な聴衆」なのだろうか？　そして、そんなファンを抱えるポピュラー音楽は「**低級音楽**」なのか？［↓1−1 ポピュラー］現下のK−POP文化を例に、ポピュラー音楽と聴衆／ファンについて考えてみよう。

ファンは「不真面目な聴衆」か、「生産者」か？

二〇一〇年代半ば以降、BTSのファン、ARMYに象徴されるように、K−POPアーティストはグローバルなファンダムを形成している。そもそもファンという言葉が「狂信的（fanatic）」に由来するとおり、ポップ・スターやセレブリティに金切り声をあげて熱狂する人びとの存在は、一九八〇年代後半まで病理的なものと見なされてきた。ポピュラー音楽ファンを巡るこれらの紋切り型は、しばしば

「音楽は二の次」な聴取態度と紐づけられる。そこに横たわるのは「クラシック＝高級音楽＝真面目な聴取」対「ポピュラー音楽＝低級音楽＝不真面目な聴取」という二分法的認識だ。

しかし、一九九〇年代以降、ポピュラー音楽研究やファン研究は、こうしたステレオタイプそのものを批判的に検討してきた。たとえば渡辺裕の『聴衆の誕生』（一九八九）は、音楽に精神性を求め作品を真面目に鑑賞しようとする「**集中的聴取**」こそが、むしろ一九世紀以降の新興ブルジョワジーを中心に勃興した特殊近代的な聴取態度であることを明らかにした。クラシックが「高級」な芸術として自らの地位を保証するためにこそ、「娯楽音楽、キッチュ、通俗音楽」は蔑視されねばならなかったのだ。したがって「低級音楽＝不真面目な聴衆」を出発地点としてポピュラー音楽とそのファンをとらえることは、一九世紀以降の枠組みがいまだに影を落としていることの証でもある。

他方でオーディエンスの多様な「読み」に着目した「能動的なオーディエンス」論（Morley 1992 ほか）から派生した一連のファン研究も、ファンをめぐる社会的言説を批判してきた。その走りといえる**ヘンリー・ジェンキンス**の『Texual Poachers（テキストの密猟者）』（Jenkins 1992）は**ミシェル・ド・セルトー**の「**密猟**（poaching）」やジョン・フィスクの「**解釈共同体**（interpretive community）」概念を踏まえて、ファンダムの解釈共同体的性質を指摘した。ファンが代替的な解釈を形成し、かつそれがしばしば無許可の文化的生産物（ファン小説、リミックス・ビデオ、歌、アートワークなど）を通じて表現されることを、ジェンキンスは「**参加型文化**（participatory culture）」と呼ぶ。それは従来の受動的な聴衆像とは異なる、「ファンとは何か」を描き出す試みだった。

このようにファン活動をポジティヴに評価する動きも広まり、今でこそファンであることを表明するハードルも下がっている。しかし、とりわけ女性ファンについては、いまだに「**ファンガール**」（男性の大衆的アイコンに熱狂し、狂信的行動をすると嘲笑されがちな若年女性ファン）、「**グルーピー**」（音楽の才能よりも男性ミュージシャンとの性的関係を追求することに関心がある女性音楽ファン）、「**シッパー**」（対象の架空の恋愛関係、カップリングを好むRelationshippers）といった侮蔑的なジェンダー・ステレオタイプが健在であり（Gerrard 2021）、**フェミニズム批評**の必要性が説かれていることも注意すべきだろう（Hills and Greco 2015ほか）［↓1−6ジェンダー／セクシュアリティ］。

もっとも、現代のファン文化を考えるうえではファンと対象（fan object）が共在する「現場」だけでなく、デジタル・メディアのあり方やオンライン空間も無視できない［↓1−8デジタル］。二〇〇〇年代半ば以降、ブログや口コミサイト、SNSなどユーザーが参加してコンテンツを生み出すCGM（Consumer Generated Media）の急速な広がりとUGC（User Generated Contents）の増大にともない、従来は「消費者」と見なされてきたファンの「生産者」性に注目が集まった（Jenkins 2006, Sandvoss 2011ほか）。さらに二〇一〇年前後から浮上したのがファンの「労働」という議論である（Gregg 2009, Spence 2014ほか）。

デジタル・ファンダムと「ファン労働」

二〇一〇年代後半、ビッグ・テックの市場寡占はファン／ファンダムにも大きな影響を及ぼし、デジタル経済に付き物の「無報酬労働（free labor）」たる「**ファン労働**（fan labor）」（De Kosnik 2013ほか）を加速させた。K−POPも例に漏れない。メイチャン・サンは創造的労働たるファン活動こそがK−POPをオルタナティヴなクリエイティヴ産業に変えているという（Sun 2020）。たしかにアイドルが配信する「V LIVE」などのライヴ配信動画はすぐさま多言語字幕がつけられ、編集・加工された新たなコンテンツが拡散する。各地でのライヴ・パフォ

ーマンスは、ファンがスマートフォンで撮影した「チッケム（직캠）」として出回っていく（**ファンカム**と同義で、現在ではメンバー個人にフォーカスした公式動画を指すことも多い）。ファンにとっては、こうしたファン生成のコンテンツが無料のギフトとなる。これらがデジタル・プラットフォームで循環し続けるがゆえに、「**ネットワーク効果**（ネットワークへの加入者が増えるほどに、加入者の効用も高まる性質）」が働き、ますますファンが吸引され、巨大なグローバル・ファンダムが形成されるのである。

　さらに、デジタル技術の進展は聴取をも非物質的な価値生産行為へと変化させた。その典型例かつ大規模なものに、たびたび問題化する「**チャートハック**」がある。K－POPファンはアイドルをチャート上位に食い込ませるため、「スミン（ストリーミング）」をすることで知られる。アイドルがカムバックした際、韓国の音楽番組（ケーブル、地上波）での一位獲得や国内外のチャートへのランクインのために、音源やMVを再生し続ける。番組ごとに指標は異なるが、デジタル音源スコア（ストリーミング）、アルバム・スコア（音盤売上）、マスメディア放送回数、SNSスコア（YouTubeでのMV再生回数）、ファン投票などが評価基準となるからである。一位を獲得したアイドルは番組でこのファンに感謝し、その努力を労う。ファンにとっては、これが最大の「報酬」なのだ［↓1－8デジタル］。

　こうしたファンダム同士のバトルを制するために機能するのが、非公式の**ファンベース**（Fanbase）である。ツイッターなどを介して目標（たとえば、二四時間で一千万回再生など）を定め、世界中のファンが同時刻に楽曲再生する「ストパ（ストリーミング・パーティー）」を呼びかける。ファンはこれに応答して共通のハッシュタグを用い、プレイリストを作ったり、睡眠中も複数デバイスで楽曲を自動再生し続けたりする。もはやストパは聴取行動を超えた、ファンダムの協働的イベントと化している。その結果できあがるのが、世間が認識するヒット・ソングとは乖離した音楽チャートである。ただし、なかにはLINE MUSICのように新譜リリースに合わせた「再生キャンペーン」を実施する動きもあるため、この現象も厳密にはファンと産業の相互作用が生み出すものといえるだろう（たとえば「七〇〇回以上再生した応募者から抽選で一〇名に特別イベントご招待！」など）。

他方でCDはどうだろう。現在K－POPファンにとって、CDはコレクター的欲求を満たすグッズ、「現場」に参加する機会の獲得（＝抽選応募券）という側面を強めている。CDには写真集やトレカ（ランダムカード）が同封されていることが通例で、SNS等でのトレカ交換というファン活動を促してきた。コロナ禍以後はファンが直接メンバーとビデオ通話ができる「ヨントン（영통）」が広がりを見せ、その権利を得るための抽選用シリアルナンバーが封入されたことで、これを目当てに大量購入する動きも目立った。またルックアップ（PCへのCDの読み取り回数）指数を導入するビルボードチャートのため、律儀にPCへ取り込むファンがいるが、反面、CDの再生機器を持たない者も多く、筆者が行ったインタヴュー調査では「CDはグッズとして買い、曲はストリーミングで聴く」という声が多数を占めた。

もちろん、楽しさに動機づけられたファン活動を「労働」と表現されることを拒む人もいるだろうし、そのすべてが産業に搾取されていると悲観する必要もない。しかし、『Digital Fandom』の著者、ポール・ブースが「**デジ・グラティス経済**（Digi-Gratis economy）」と呼ぶように、すでにメディア文化においては市場経済とギフトがマッシュアップし、相互に有益な関係を結んでいる（Booth 2010）。K－POPファンは、まさにそのコアをなす。ファンダムはすでにマネタイズされているのだ（De Kosnik 2013）。

以上のようにK－POPという一例を見ても、

ポピュラー音楽のファンが単なる受動的な消費者ではないことは明らかだろう。それはオフライン／オンラインそれぞれの場で「音楽する」アクターであり、同時に有形・無形の価値を生み出しながら産業の根幹を支えている。いまやポピュラー音楽研究の射程は、そうしたアクターの社会的行為と、その実践を可能にするメディア技術にも広がっているのである。

大尾侑子

参考文献

- スモール、クリストファー（二〇一一［一九九二］）『ミュージッキング──音楽は行為である』野澤豊一＋西島千尋訳、水声社
- 渡辺裕（一九八九）『聴衆の誕生──ポスト・モダン時代の音楽文化』春秋社
- Ang, Ien (1985) *Watching Dallas: Soap Opera and the Melodramatic Imagination*, Routledge.
- Booth, Paul (2010) *Digital Fandom: New Media Studies*, Peter Lang.
- Gerrard, Ysabel (2021) "Groupies, Fangirls and Shippers: The Endurance of a Gender Stereotype," in *American Behavioral Scientist*, 66 (8): pp. 1–16.
- Gregg, Melissa (2009) "Learning to (Love) Labour: Production Cultures and the Affective Turn." in *Communication and Critical/Cultural Studies* ,6 (2): pp. 209–214.
- Jenkins, Henry (1992) *Textual Poachers: Television Fans & Participatory Culture*, Routledge.
- Hills, Matt and Clarice Greco (2015) "Fandom as an Object and The Objects of Fandom: Interviews with Matt Hills," in *MATRIZes*, 9 (1): pp. 147-163.
- Morley, David (1992) *Television, Audiences and Cultural Studies*, Routledge.
- Sandvoss, Cornel (2011) "Fans Online: Affective Media Consumption and Production in the Age of Convergence," in Miyase.C, et al. (eds.), *Online Territories: Globalization, Mediated Practice and Social Space*, Peter Lang, pp: 49-74.
- Spence, Jennifer (2014) "Labours of Love: Affect, Fan Labour, and The Monetization of Fandom," in *Electronic Thesis and Dissertation Repository*. Western University.
- Sun, Meicheng (2020) "K-pop Fan Labor and an Alternative Creative Industry: A case study of GOT7 Chinese fans," *Global Media and China*, Vol. 5 (4): pp. 389–406.

第2部—9 Composition

楽曲

キーワード KEYWORD

メロディ、コード、リズム、第一次テキスト、サウンド、音形、コードトーン、コール&レスポンス、循環コード、ハーモニックリズム、トラック運転手の転調、ノリ、ビート、ポリリズム、間テクスト性

楽曲とは、音楽の**メロディ**、**コード**、**リズム**の三要素からなるもののことを指す。一般に、アーティストは何らかの理由や動機があって、特定のメロディを作り、特定のコードを選び、特定のリズムを作り出す。それも細かい一音一音にいたるまで、長い時間をかけて選び抜く。その結果として出来あがる楽曲には、アーティストの創作意図が濃厚に反映されるものである。

もちろんポピュラー音楽は上記三要素のみからできているわけではない。作曲・編曲されたものが演奏され録音される際に装飾音などが加えられる。その後、調整や制作の段階では、音量バランスが決められたり、リヴァーブが加えられたりする。アラン・モーアはこうしてCDなどに固定された音源をポピュラー音楽の「**第一次テキスト**(the primary text)」と呼び、それを研究すべきと言う(Moore 1993)。しかし、最終的に聴取され享受される段階でも、スピーカーやイヤフォン特有のノイズや、場合によっては周囲の環境音とともに音楽はリスナーの耳に入ってくる。そこで細川周平は、そこ

まで含めたリスナーが聴く音響の総体としての「**サウンド**」を研究すべきと説く（細川 一九九〇）。こうして各段階で色々なものが追加されていくため、作曲・編曲の段階で作られる楽曲というものは、小さなものに過ぎないようにも見えるだろう。そしてそれゆえにこそ、これまでのポピュラー音楽研究では、楽曲以外の側面に光を当てるのが主流だった。

しかしながら、作曲されてから聴取されるまでのこの長いプロセスの最初に位置づけられるのが楽曲なのであり、その意味で楽曲はポピュラー音楽のもっともコアな部分である。そこで一九九〇年代半ばから、ポピュラー楽曲についての**楽理**的な研究が、ジョン・コバッチやワルター・エヴァレットをはじめとするアメリカの音楽理論家たちにより発展させられてきている（Covach 1995, Everett 1995）。以下、そうした研究を参照しつつ、メロディ、コード、リズムのそれぞれにつき、YOASOBI〈夜に駆ける〉（二〇一九）を事例として論じていく。

メロディ

アーティストが曲を作ろうとして最初に思いつくのは、歌詞やメロディであることが多いという。また、盗作裁判などで問題となるのも、ほぼつねにメロディであり、それだけ楽曲のオリジナリティを担う要素ともいえよう［↓2-2法］。

メロディ一つひとつの個性は、さまざまな要因によって決まってくる。昔からよく言われるのは、音の上行《じょうこう》や下行《かこう》、すなわち**音形**《おんけい》（contour）である。たとえば急激な跳躍上行は「激情」を表現し、またゆっくりとした順次下行は「嘆き」を表現すると言われる。〈夜に駆ける〉の冒頭、「沈むよーうに溶けてゆくよーうにー」という歌詞のメロディ中、「溶けて」のなかにFからCへ五度跳躍する上行音形があり、一瞬ながら感情の昂りが表現されているとみることができる。また最後の「よーうにー」のところはゆっくり順次下行しており「落胆」が表現されていると見ることができる。

こうした表面的な音形だけではなく、背後に潜む音の形にも着目すべきというのは、アメリカの音楽

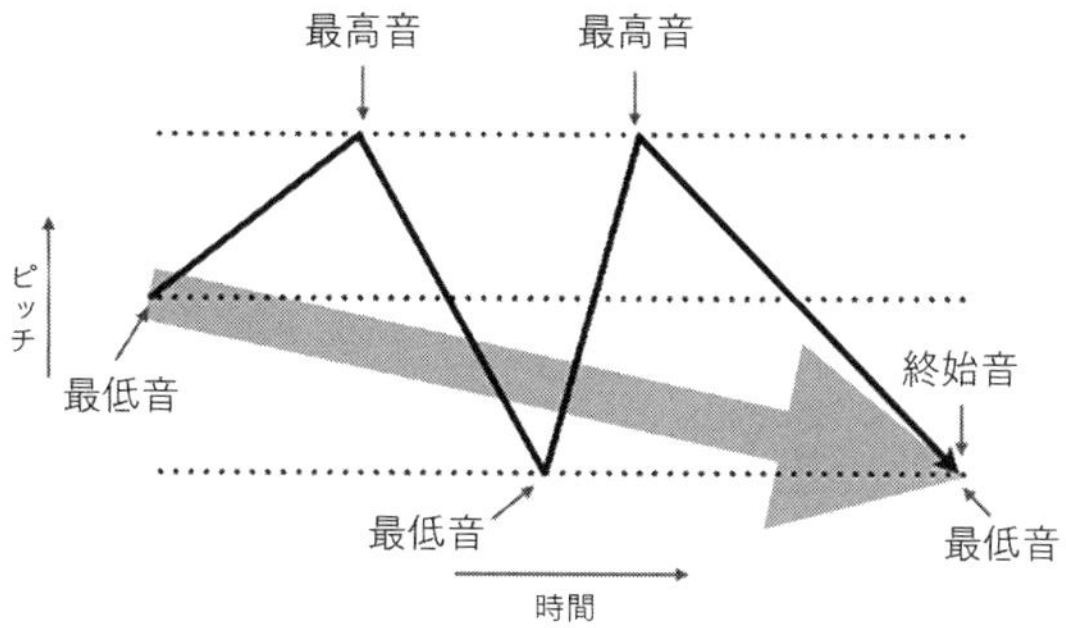

図1〈夜に駆ける〉冒頭メロディの分析

理論家アレン・フォートである。彼はメロディの最高音と最低音、それに開始音と終始音を調べるべきという（Fort 1993）。**図1**の〈夜に駆ける〉冒頭のメロディを例に考えると、黒く細い矢印が示すようにこれは**最高音**Cと**最低音**E♭との間で揺れ動くものであることがわかる。また、そのように揺れ動きつつも、**開始音**と**終始音**に着目すると、太く薄い矢印が示すように、GからE♭に「沈むように」下がっていくメロディと見ることができる。

コードとの関係性においてもメロディの個性が現れることは、楽理的に知られている。上記のメロディで「に溶けて」の箇所は、伴奏がB♭メジャーコード（B♭－D－F）なので、Fで歌われる「に」と「け」のみ**コードトーン**で協和度が高く安心感をもたらすが、E♭の「溶」とCの「て」はいずれも**ノンコードトーン**なので不協和で緊張感をもたらす。こうして一音単位で微妙に異なる感情を生み出すことができるのがメロディなのである。

メロディの性格は、**他のメロディとの関係性**によっても決まる。リチャード・ミドルトンは楽曲分析により、メロディどうしの間で、問いと答えやコールとレスポンスなどのコンビネーションを見出せると論じた（Middleton 2000: 112）。〈夜に駆ける〉でも上記の歌詞に続いて三–四小節目でピアノが答えるメロディを弾くためヴォーカルとピアノとの間に**コール&レスポンス**の関係を見出せる。またこの後にも同じようにヴォーカルとピアノ（とギター）のコール&レスポンスを見出すことができ、しかもこれら二組のコール&レスポンスが、合わせてひとつの大きなペアとなってこの曲の冒頭フレーズを作っている。楽曲のメロディは、こうしたより広い範囲での**構造的機能**を果たしているのであり、個々の短いメロディ単体で完結するわけでは決してない。

このようにメロディの個性は、あらゆる要因によって決まる。そうした要因の多くが、楽曲レベルですでに作られるのである。

コード

ポピュラー音楽では、同時に響く複数の音のことを、**ハーモニー**（harmony、和声）ではなく**コード**（chord、和音）ないし**コード進行**（chord progression、和音進行）ということが多い。曲の部分や全体の雰囲気を司る要素であり、最終的にリスナーが聴いた曲の印象を決定づける役割を果たす。

そのコードは、クラシック音楽のハーモニーに由来しているものが多いのは確かだが、ポピュラー音楽特有のものも色々と存在する。なかでもとくに有名なのは、コードの第三音を省き完全五度のみからなる**パワーコード**だ。ロックではそれが連続するため、クラシックでまれにしか聴かれない平行五度の響きが聴かれる。またギタリストのジミ・ヘンドリックスの名を冠した**ヘンドリックスコード**（シャープナインスコード。たとえばC、E、G、B♭、D♯からなる和音）は、クラシック音楽では滅多に聞かれないものだ。また他にも**サスフォーコード**のように、クラシック音楽では「不協和音」としかみなされない和音が、ポピュラーでは正規のものとして名称まで付与されているコードが多々ある。

複数のコードの連なりとしてのコード進行についても、たしかにクラシック音楽と共通している部分はある。たとえばクラシック音楽で使われる**ケーデンス**すなわち終止形はたいていポピュラー音楽でもそのまま使われるし、またJ－POPでも人気の**カノン進行**などは、事実としてヨハン・パッヘルベルの〈カノン〉という曲と共通している。が、クラシック音楽ではまず使われないV－IVという進行がポピュラー音楽では頻繁に使われるし、またクラシック音楽では曲の途中で出てくるに過ぎないような進行が切り取られてポピュラー音楽では反復され、**循環コード**となるため、楽曲内での構造的機能がまったく変わる。そのような循環コードにはそれぞれに固有の名称があり、また時代によって流行もある。〈夜に駆ける〉でも**表1**に示したように冒頭から王道進行や丸サ進行と呼ばれる近年流行している進行が使われている。

コード進行を支える**調性**も、クラシック音楽と共通する部分はあるが、ポピュラー音楽特有の側面もある。その代表例が、**トラック運転手の転調**（Truck Driver's Modulation）と呼ばれる、曲の最後の方で半音一つか二つ分だけサビが丸ごと上に移調されるもので、クラシック音楽（とくに古典派までのもの）にはあまりないものだ（Griffiths 2015）。〈夜に駆ける〉ではこれを応用して、曲の終盤で半音一つ下に一旦移調し、次に半音三つ上に移調し曲をドラマチックに展開させている。

こうしてクラシック音楽と共通するもの、しないものを織り交ぜつつ、また他の多くの曲でも用いられるような進行やそうでない進行を織り交ぜつつ、ポピュラー楽曲の伴奏コードが作られる。それが、特定のメロディにともない、特定のリズムに乗せられ、特定の楽曲形式に当てはめられると、楽曲全体として個性的なものとなっていく。

とはいえ同じ進行が少なくとも伴奏部分においては多くの曲で汎用される傾向は強いので、近年ではいわゆるコーパス研究（corpus study）が発展し始めている。たとえばトレヴァー・デ・クラークとデヴィッド・テンパレイは、ロックに頻出するコードについて統計的なデータを集積し分析している（De Clercq and Temperley 2011）。今後このような研究が発展していくと、ポピュラー音楽のコード研究が一気に進展することが期待できる。

リズム

ポピュラー音楽はしばしば「**ノリ**」（groove）の良し悪しで評価される。それは、この音楽の大半がダンス・ミュージック的な要素を持つためである。ノリは、演奏や録音の段階に作られる側面もあるが、肝心な骨格部分はやはり楽曲レベルで作られる。

圧倒的多数のポピュラー楽曲は**四拍子**を基本とするため、より多様な拍子を用いるクラシック音楽と比べると単純であるかのように言われることもあるが、それは間違いである。四拍子のなかでもどこを強調するかに応じて、ポピュラー音楽では**2ビート**、**4ビート**、**8ビート**、**16ビート**などが区別される。また、たいていの楽曲は、これらのうちのどれかひとつだけでできていることはない。〈夜に駆ける〉の冒頭五小節目「二人だけの～」から始まる**リズムセクション**では、まずドラムの「四つ打ち」が4ビートである。また同時に鳴るハイハットは8ビートである。さらにギターのカッティングは16ビートと8ビートを織り交ぜた混合パターンである。このように複数の異なるリズムパターンを重ねた**ポリリズム**（polyrhythm）が多く、マーク・バトラーいわくそれがグルーヴ感を生み出す重要な要素となるのである（Butler 2006）。

譜例1〈夜に駆ける〉冒頭メロディの分析

小節	1	2	3	4	5	6	7	8
コード	Ab, Bb	Gm7, Cm7	Ab, G7	Cm7, Bbm7, Eb7	Ab, Bb	Gm7, Cm7	Ab, G7	Cm7
コード進行	王道進行		丸サ進行		王道進行		丸サ進行（の一部）	
コード数	2	2	2	3	2	2	2	1

表1〈夜に駆ける〉冒頭メロディの分析

個々の楽曲のノリは、メロディが生みだすリズムによっても左右される。〈夜に駆ける〉の冒頭のヴォーカルでは、**譜例1**が示すように、二回出てくる「よー」は、次の拍の頭（★）を待たずして、手前の拍の裏からフライングして開始するオフビート・トーンであり**シンコペーション**を作る。そこから、各小節前半がオフビート・トーンを含む推進力のあるリズム、後半がオンビート・トーンのみの規則的で安定感のあるリズムとなる。

さらにはコードが作りだすリズム、すなわち**ハーモニックリズム**も、楽曲のノリの創出に、重要な貢献を果たす。一小節中にコードが四回変化するものはハーモニックリズムが速いといい、反対に何小節にもわたって一つのコードが変化しないものはハーモニックリズムが遅いという。〈夜に駆ける〉冒頭部では、**表1**に示したように、一－三小節は一小節につきコードが二つだが、四小節目では三つになる。また五－七小節でふたたび一小節につき二つになるが、八小節目では一つのコードのみとなる。こうしてわずか八小節の短い間にコードの点から緩急を織り交ぜているのである。

こうして四拍子の楽曲の内部でも、リズムセクション、メロディ、コードがそれぞれに作り出すリズムがあり、これらの総体が一曲ずつ異なる独特なノリを生み出すのに貢献する。音楽のノリはもちろんそれだけではなく、チャールズ・カイルとスティーヴン・フェルドがかつて強く主張したとおり、演奏時に作られる部分も大きい（Keil and Feld 1995）。しかしそれにしても、楽曲レベルでのノリの骨格があってこそのものであろう。

以上のように、メロディ、コード、リズムの三要素が、音楽の重要な部分を作っていることが先行研究において指摘されてきている。そしてこれらの要素が、ポピュラー音楽の一曲ごとの性格を、おおよそ決定づけていることもわかる。

なお、個々の楽曲の**独自性**だけではなく、他の楽曲との関係性、ないしは影響や引用といった**間テクスト性**（intertextuality）を明らかにしようとする研究もある。実際、ポピュラー音楽では最新のヒット曲のパターンをあえて取り入れることがある。それは特定の曲の要素の直接的な引用であったり、あるいは特定の曲とはいえないが王道進行のように誰もが使っているパターンの再利用であったりする。他の曲にも用いられている何らかの要素のことを、かつてフィリップ・タグは「ミュージーム（museme）」と呼び詳しく論じた（Tagg 1982）。そうしたさまざまな他の楽曲との関係性において、個々の楽曲の意味を探ることも重要である。

再三繰り返すが、楽曲そのものが完成したあとになってからでも、演奏や録音の段階でたくさんのことが追加されるし、逆に削除されることもあろう。さらには調整・制作の段階でも色々な変更が加えられ、最終的な聴取の段階ではそもそも楽曲のどの部分が聴かれるのか、細部まで聴いてもらえるのかすらわからない。その意味では、リスナー側からすれば、楽曲というのはほんの小さな部分に見えるかもしれないが、しかしやはり骨格は楽曲のレベルで作られているし、またコンポーザー側の作曲意図について研究したければ、楽曲の詳細な研究が第一に必須となってこよう。その意味で、リスナーが聴くものの骨格として、さらにコンポーザーが作る第一のものとして、楽曲研究はポピュラー音楽研究にとって重要なのである。

川本聡胤

参考文献

- 細川周平（一九九〇）『レコードの美学』勁草書房
- Butler, Mark J. (2006) *Unlocking the Groove: Rhythm, Meter, and Musical Design in Electronic Dance Music*. Indiana University Press.
- Keil, Charles and Steven Feld (1995) *Music Grooves: Essays and Dialogues*, University of Chicago Press.
- Covach, John (1995) "Stylistic Competencies, Musical Satire, and 'This is Spinal Tap,'" in Marvin, Elizabeth West and Richard Hermann (eds.), *Concert Music, Rock and Jazz since 1945: Essays and Analytical Studies*, Rochester, pp. 399–412.
- De Clercq, Trevor and David Temperley (2011) "A Corpus Analysis of Rock Harmony," *Popular Music*, 30: pp. 47–70.
- Everett, Walter (1995) "The Beatles as Composers: The Genesis of Abbey Road, Side 2," in Elizabeth West Marvin and Richard Hermann (eds.), *Concert Music, Rock and Jazz since 1945: Essays and Analytical Studies*, Rochester, pp.172–228.
- Forte, Allen (1993) "Secrets of Melody: Line and Design in the Songs of Cole Porter," in *The Musical Quarterly*, 77: pp. 607–647.
- Griffiths, Dai. (2015) "Elevating Form and Elevating Modulation," in *Popular Music*, 34: pp. 22–44.
- Middleton, Richard (2000) *Reading Pop: Approaches to Textual Analysis in Popular Music*, Oxford University Press.
- Moore, Allan (1993) *Rock: The Primary Text: Developing the Musicology of Rock*, Open University Press.
- Tagg, Philip (1982) "Analysing Popular Music: Theory, Method and Practice," in *Popular Music*, 2: pp. 37–65.

感情

第2部—10 Emotion

キーワード KEYWORD
表出的性質、喚起説、表出説、類似説、ペルソナ説、擬人化、感情の哲学、セオドア・グレイシック、ピーター・キヴィー、スティーヴン・デイヴィス、ジェロルド・レヴィンソン

ベートーヴェンのピアノソナタ第一二番の第三楽章、レッド・ツェッペリンの〈天国への階段〉(一九七一)冒頭のギターのアルペジオ、平井堅の〈瞳を閉じて〉(二〇〇四)のイントロのピアノなどは、「悲しく聴こえる」あるいは「悲しいメロディ」と言われる。たとえ曲のテーマや作曲された背景、メロディに載せられた歌詞の意味を知らなくとも、喜び/悲しみ/恐怖/怒りのうちどの感情がそれらのメロディにふさわしいか尋ねられると、多くの人は「悲しみ」と答えるだろう。「悲しいメロディ」の「悲しさ」、「楽しいリズム」の「楽しさ」、「怖い曲調」の「怖さ」など、感情用語を使って表される芸術作品の特徴は「**表出的性質**(expressive property)」と呼ばれる。

しかし、あらためて考えてみると表出的性質には不可解な点がある。「悲しいメロディ」といった言い回しはごく自然になされるが、メロディは音の配列であり、結局のところ振動という物理現象である。こうした物理現象そのものは心をもたないし、まして、悲しみという感情をもつはずがない。それでも、

そのメロディは「悲しい」という感情用語を使って指し示すのがふさわしいと思える特徴をもっているろうか。その特徴とは一体どういうものなのだ［↓2-9楽曲］。その特徴を表すためになぜ感情用語が使われるのだろうか。

感情の喚起

この疑問を考えたときにすぐ思いつく答えは、「悲しいメロディは聴くと悲しくなるメロディだ」というものだろう。こうした考えは**喚起説**（arousal theory）と呼ばれる。喚起説によれば、表出的性質は聴き手に当該の感情を喚起する力である。「楽しいリズム」は聴いた人を楽しくさせ「怖い曲調」は聴き手を怖がらせる力をもっているというのだ。この手の考えは私たちの素朴な直観と一致するだけでなく、古代ギリシャのプラトンや中国の孔子によっても支持されていた（グレイシック 二〇一九［二〇一三］、一二二）。

しかし、喚起説は現代の音楽の哲学／音楽美学ではほとんど支持されていない。その理由は非常に単純で、悲しいメロディを聴いたからといって悲しくなるとは限らないからである。あるメロディに当てはまる感情用語が「悲しい」だと判断するために、聴き手が悲しくなる必要はない。まったく悲しくなくても「このメロディは悲しく聴こえる」と判断できるだろう。

この点は、感情とは何かについてもう少し踏み込んでみると理解しやすくなる。感情は自分が置かれた状況が自分にとって良いか悪いかを判定するもの、状況を評価する心の働きである（源河 二〇二一、第4講）。悲しみは、恋人と別れたり、財布を落としたり、ペットが死んだりしたときなど、大事なものが失われたときに生まれる。悲しみは「重大な喪失」という評価なのである。同様に、恐怖は「危険が迫っている」という評価であり、怒りは「不当な扱いを受けている」という評価、喜びや楽しさは

「良いことが起きた」という評価なのである。

この点を踏まえて悲しいメロディを考えてみよう。悲しいメロディを聴いているとき、聴き手の大事なものが何か失われているわけではない（源河二〇〇九、第9章）。怖い曲調は聴き手に危害を加えない。むしろ、悲しいメロディでも怖いメロディでも、それが音楽的に素晴らしいものであれば、良いものを聴けた喜びが生まれる。逆に、楽しいメロディを聴くことが必ずしも自分にとって良いこととは限らない。子供向けの曲は陽気で楽しいメロディだろうが、あまりに幼稚すぎて聴くと退屈やイライラを感じる場合もある。悲しいメロディでも楽しいメロディでも、音楽的に優れていれば聴き手にポジティヴな感情を生み出し、劣ったものであればネガティヴな感情を生み出すのだ（グレイシック二〇一九［二〇二二］、一二二）。

喚起説の問題は次の言葉で簡潔に表される。「音楽にとっての悲しみは、サイダーにとってのゲップではなく、リンゴにとっての赤さのようなものだ」(Bouwsma 1950, 100)。サイダーを飲むとゲップが出る。ゲップはサイダーを飲んだ人の側に起こることだ。しかし、悲しいメロディの悲しみは、メロディを聴いた人の側に起こることではない。それは、リンゴを見た人が赤くなるわけではないのと同じである。赤さは人の側にあるのではなくリンゴの側にある。赤さはリンゴがもつ特徴として知覚されるものなのである。それと同じく、悲しみはメロディの特徴として知覚されるものであり、聴いた人の心に生まれるものではない。つまり喚起説は、メロディの特徴として知覚される表出的性質と、そのメロディを知覚した人の感情状態を混同してしまっているのである。

知覚的類似性

では、悲しいメロディの「悲しさ」とは一体何だろうか。有力な考えは**類似説**（resemblance theory）と呼ばれるものである（Davies 1994, 221-267, Kivy 2002, chap. 3）。それによれば、悲しいメロディは「悲しみを抱いている人の喋り方と似た特徴をもつメロディ」である。「悲しい」と言われるメロディは、テンポが遅く、全体的に音高が低く、音程の上下が少なく、音量は大きくない。悲しい気持ちになっているときの人の喋り方もそうした特徴をもっているだろう。同様に、楽しいメロディは楽しいときの喋り方と似ている。テンポが速く、音高が高く、音程の上下も激しく、音量が大きいのだ（Juslin 2019, 162）。

メロディと喋り方の類似点が注目される理由は進化的な観点から説明される（Kivy 2002, chap. 3）。私たち人間は社会的な動物であり、他人と交流しつつ生きている。そうした生活のなかでは他人がどのような感情をもっているかを推測することが非常に重要だ。何かお願いをするなら相手の機嫌が良いときがいいし、機嫌が悪い相手はこちらに攻撃してくるかもしれないので近づかない方が良い。このように他人の感情は重要なものであるため、人間は進化によって他人の感情を推測する能力を身につけた。表情や声からすぐさま他人の感情が推測できるようになったのである。

だが、前に述べた通りメロディは音の並びにすぎず、文字通りの意味で感情をもつわけではない。それなのになぜ感情が推測されてしまうのだろうか。このことは「:-:」の記号が顔のように見えてしまうことと同様に理解できる。「:-:」は単なる三つの点にすぎず、誰の感情の表れでもない。それでも、このように配置された三つの点は顔のように見えてしまい、そこに何か感情のサインのようなものが見えてしまう。知覚的特徴から他人の感情を読み取る能力が過剰に働き、人ではないものに感情のサインらしきものが知覚されてしまうのだ。そして、メロディを聴く場合にもそれが起きている。音が一定の仕方で並べられていると、私たちはそこに感情のサインらしきものを聴き取ってしまうのだ。

ここで、音楽による感情表現についても説明しておこう。冒頭で「悲しいメロディの悲しさとは何か」という問題を挙げたときに、「作曲者が抱いた悲しみを表現したメロディだ」と思った人もいるかもしれない（こうした考えは「**表出説**（expression theory）」と呼ばれる）。しかし、作曲者が悲しみを表現しようと思ったからといって、それだけでどんなメロディも悲しく聴こえるようになるわけではない。メロディで悲しみを表現しようと思っても、テンポを速くしたり音程の上下を大きくしたりすると、楽しく聴こえるメロディになってしまうだろう。そのメロディでは聴き手に悲しみの印象を与えられない。むしろ、自分が抱いた悲しみをメロディで表現しようと思ったら、テンポが遅く、音程の上下が少ないといった特徴を曲に入れ込まなければならない。作曲者が抱いた感情をメロディで表現するためには、「こういう特徴をもつ音の並びはこういう感情のサインであるように聴こえる」という知覚的類似性を利用しなければならないのである。

また、こうした類似性に訴えることで、悲しいメロディを聴いた人に悲しみが生まれる場合があると主張する余地が出てくる。鍵となるのは「感情伝染」と呼ばれる現象だ。感情伝染とは、他人の感情の表れを知覚することで、知覚した人もその他人と似た感情になるという現象である。たとえば、他人の笑顔を見たり笑い声を聴いたりすると、たとえ自分に何の良いことがなくても少し楽しくなる。他人の泣き顔を見たり泣き声を聴いたりすると、たとえ自分には何の喪失もなくても少し悲しくなるだろう。ひょっとすると、音楽を聴く場合にもこうした伝染が起こっているかもしれない。悲しい声に似た悲しいメロディを聴くこと、たとえ聴き手に何の喪失もなくとも、いくらか悲しみが生まれるかもしれないのだ（Davies 2011, chap. 4, Juslin 2019, chap. 20）。

注意すべきなのは、感情伝染に訴える方針は喚起説を支持するものではないことだ。というのも、この方針は類似説を前提としているからである。悲しみが伝染するためには、それより前に、メロディが悲しみの表れであるかのように知覚されていなければならない。悲しく聴こえるメロディを聴いた結果、悲しみが生まれる場合もありうるのだ。感情伝染に訴える方針はあくまでも「悲しいメロディを聴くと悲しくなる」と言いたくなる喚起説の直観を類似説の枠組みに収めるためのものである。

複雑な感情

最後に、複雑な感情に関する問題を取りあげよう。喜び、悲しみ、怒り、恐怖といった基本的な感情には、それぞれに対応する特有の表れ（表情や喋り方）がある。これに対し、希望、誇り、恥、罪悪感といった感情には、特有の表れがない。他人が作った表情を見たりその声を聴いたりするだけでは、その人が抱いている感情が単なる喜びなのか希望なのか誇りなのか区別できないだろう。そして、音楽に関してこれに対応する問題が生まれる。希望に特有の喋り方がないなら、希望のメロディであるように聴こえるものなど存在しないのではないかと思われるのだ。

この疑問に回答する方針のひとつは、複雑な感情に見合う文脈を用意することだ（Levinson 1990）。希望は喜びの一種だろうが、単なる喜びではなく、「これまでの苦境から抜け出せそうな兆しが見えたことに対する喜び」である。希望を抱くためには一度つらい思いをしていなければならないのだ。そして音楽の場合、こうした文脈はメロディや短いフレーズよりも大きな構造を考えると見出せる。たとえば、前半に悲しいメロディ（テンポが遅く全体的に音高が低い、など）が流れ、後半に喜びのメロディ（テンポが速く全体的に音高が高い、など）が流れると、後半のメロディは単なる喜びではなく、悲しみを乗り越えた後の喜び、つまり希望として聴かれうるものとなる。他の複雑な感情に関しても、それぞれにふさわしい展開を設定すれば、複雑な感情のメロディのように聴こえるかもしれない。

ただし、こうした聴き方をするためには、前述の感情推測能力だけでは不十分だと考えられる。前半のメロディを聴いて「悲しいメロディだ」と判断し、後半のメロディを聴いて「喜びのメロディだ」と判断するだけでは、希望のメロディは聴けない。希望のメロディを聴くためには、後半の喜びのメロディと前半の悲しいメロディを関連づけ、「前は悲しかった人が後で喜びを抱くようになった」というように聴かなければならないのである。そして、こうした聴き方をするためには、二つの感情をもつとされる人物（仮想のペルソナ）を想像し、曲の展開をその人の感情変遷の物語として聴く必要がある。このように、表出的性質には人物の想像が関与すると主張する見解は「**ペルソナ説**」と呼ばれる。

ペルソナ説が言うような音楽の聴き方は誰にでもできるわけではないだろう。短いメロディを感情のサインらしきものとして聴く能力は進化的に獲得されたものであり、ほとんどの人が可能なものである。しかし、曲の展開をひとりの人物の感情変遷の物語として聴くという鑑賞法は、これまで一度もやったことがないという人も多いはずだ。むしろその鑑賞法は、批評家のように訓練して初めて身に付くものだと考えられる。

源河亨

参考文献

- グレイシック、セオドア（二〇一九［二〇一三］）『音楽の哲学入門』、源河亨＋木下頌子訳、慶應義塾大学出版会
- 源河亨（二〇一九）『悲しい曲の何が悲しいのか——音楽美学と心の哲学』、慶應義塾大学出版会
- 源河亨（二〇二一）『感情の哲学入門講義』、慶應義塾大学出版会
- Bouwsma, Oets Kolk (1950) “The Expression Theory of Art,” in Max Black (ed.) *Philosophical Analysis: A Collection of Essays*, Cornell University Press: pp. 75-101.
- Davies, Stephen (1994) *Musical Meaning and Expression*, Cornell University Press.
- Davies, Stephen (2011) *Musical Understandings: and Other Essays on the Philosophy of Music*, Oxford University Press.
- Juslin, Patrick N. (2019) *Musical Emotions Explained*, Oxford University Press.
- Kivy, Peter (2002) *Introduction to Philosophy of Music*, Clarendon Press.
- Levinson, Jerrold (1990) “Hope in The Hebrides,” in *Music, Art, and Metaphysics: Essays in Philosophical Aesthetics*, Cornell University Press: pp. 336–375.

拡張編

第3部

異分野との交差と新展開

ときに騒々しく感じるほど、
あるいは当たり前すぎて聴き逃してしまうほど、
「私たち」の生活は音楽で溢れている。
学問の世界でも同様に、
一見して音楽とは無関係な研究対象にも、
なんらかのかたちで音楽との関わりを見出せるだろう。
本書をしめくくる第3部「拡張編」では、
近年の音楽文化を領域横断的に語るうえで
欠かせないキーワードを掲げて、
ポピュラー音楽それ自体とそのコンテクストを
扱ってきた従来の研究から一歩外に踏み出し、
新鮮な空気を吸うための論考を集めた。

第3部―1 Video Game

ビデオゲーム

キーワード KEYWORD
PSG音源、FM音源、ゲーム機内蔵音源、ストリーミング再生、PCM音源、半導体式カートリッジ、CD－ROM、非線形的メディア、インタラクティヴ・ミュージック、遷移、ファンカルチャー、チップチューン

ゲーム音楽史はどのように記述されるか

デジタルゲームの音楽史は、ゲーム機のテクノロジーの進化、すなわち「ゲーム音源史」と並行して扱われる事が多い（G-trance 二〇〇二）［↓1－2テクノロジー］。ゲーム音源の歴史を単純化すると、それは**PSG音源**、**FM音源**などに代表される「**ゲーム機内蔵音源**」とそれ以降の「**ストリーミング再生**」の時代に区分できる。前者のなかでも八〇年代におもに用いられたPSG音源は、矩形波、三角波の二種類の音色に限定されており、三音以上の同時発音も不可能であった。この同時発音数にはゲームを構成するうえで必要不可欠な効果音（SE）も含まれるため、両者を制限下で成立させるための独自の技術が培われていった（上村二〇一三）。

八〇年代後半になると半導体が安価となったことから、ソフトウェア上に拡張音源用のチップを搭載し、ハードウェアの発声チャンネルを上書きすることでリッチな音色を鳴らすようになる。同じファミリーコンピュータ用のゲームタイトルでも、初期と

後期では音色に相違がみられるのはそのためである。このように当時はソフトウェアの基盤でハードウェアの機能拡張を行うという発想があった。

また、ゲーム機の搭載音源もPSG音源からFM音源に次第とシフトしていき、その後、九〇年代にはパルス符号化変調方式の**PCM音源**が搭載されたことで、多彩な音色を用いることが比較的容易となっていく。加えて、同時期の日本は、物語体験を強調するゲームソフトが隆盛を極めた時期であったため、映画音楽を意識した音楽語法がゲーム上で多くみられるようになる（尾鼻二〇一六、吉田二〇二一）。

九〇年代中盤以降、ゲームソフトの記憶媒体の大多数が**半導体式カートリッジ**から**CD-ROM**等の光学式記録媒体に移行することは、ゲーム音楽史上重要な意味を持つ［↓1-8デジタル］。周知のように少なくとも当時においてCDは録音音楽聴取の基準となる媒体である。それがゲームに用いられることで、他の音楽ジャンルと等しい（さらには現実世界に存在するあらゆる）音をゲーム内に持ち込むことが理論上可能となった。録音した音楽を、逐次的にストリーミングバッファを用いて途切れなく再生するためのストリーミング再生の技術が次第に用いられるようになっていく。この技術を用いて、ゲーム音楽は「映画に追いつけ」から、「ゲームならでは」の音楽表現を追求する方向へと移行していくことになる。

インタラクティヴ・ミュージック
――プレイヤーが奏者となり完成させる音楽

「ゲームならでは」を検討するうえで、ゲームとはどのようなメディアかを整理する必要がある。ゲームは「インタラクティヴ・メディア」と称されるように、プレイヤーのアクションとコンピューターからのリアクションの往復によって成立するメディアである。そのためデジタルゲームの音響もまた、プレイヤーのアクションによって生成され、スピーカーを通じてプレイヤーの耳に届けられるものとなる。

このように、ゲームにおいてインタラクションは重要な要素であり、それによってゲームの本質は「**非線形的メディア**（Non-Linear）」と定義される。ここでいう「非線形」とは、ゲームがプレイヤーに対して多くの選択肢を示し、その結果、毎回のゲームプレイが異なるという一回性の経験をもたらすことを意味している。したがって、それにともなう音楽もまた、一回性の聴取経験を持つことになる（Collins 2018）。

ゲームにおける**インタラクティヴ・ミュージック**（ＩＭ）は、この特徴を突き詰めたものとして位置づけられる。ＩＭが持つ重要な要素とは、ゲームの状況にあわせて音楽が自動的に「**遷移**」することにある。ＩＭの遷移には、遷移地点を軸に異なるパートへと遷移する「水平の遷移」と、自然かつ的確なアレンジがプレイヤーの操作にあわせて施されていく「垂直の遷移」に分類される（Sweet 2014）。これらの遷移を活用することで、たとえば操作しているキャラクターの移動速度によって音楽を変化させたり、戦闘シーンの終了にあわせて楽曲を終止形に導いたりすることが可能となる。

ＩＭは、近年のゲームタイトルでは常套的に用いられており、その結果、プレイヤーはゲームをプレイする度に異なる音楽を聴くことになる。このようにゲーム音楽は、映像音楽としての機能性に加え、ＩＭによる一回性の音楽としての特徴を持ち、プレイヤー自身が奏者となって完成させる音楽ともいえる（尾鼻 二〇二〇）。

拡散するゲーム音楽

厳しい制限にともなう数音の電子音から出発したゲーム音楽であるが、今日ではゲームから切り離した単独の音楽ジャンルとして扱われることも珍しくない。

細野晴臣がプロデュースした世界初のゲーム音楽の音盤『ビデオ・ゲーム・ミュージック』(一九八三)は、単独のゲームタイトルの音楽集というよりは、ゲームセンターの喧騒のなかで収録した「プレイ動画」を音声だけ抽出したかのような構成になっている【図1】。ゲーム初の音盤が、ゲームセンターのサウンドスケープ作品とでもいうべき形で出発したことは興味深い。

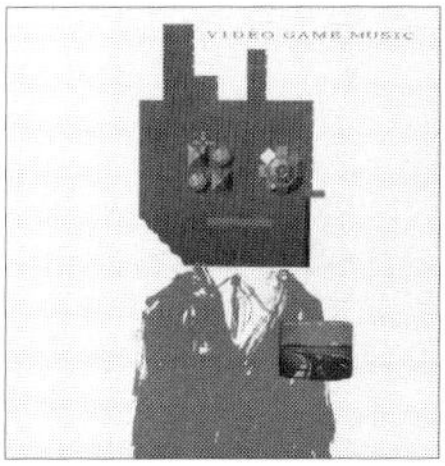

図1 細野晴臣『ビデオ・ゲーム・ミュージック』(1983)

また、九〇年代には「オーケストラによるゲーム音楽コンサート」がすぎやまこういちの手によって開催されており、ゲームとオーケストラの接続が進められてきた。このような活動が今日隆盛を極めるゲーム音楽コンサートの礎となり、コミュニティの生成や**ファンカルチャー**にも大きな影響を与えている。ファンカルチャーの観点では、ゲーム音楽はDTMとの関わりも強く、ファンがゲーム音楽を「耳コピ」したMIDIファイルの共有が(合法・非合法を問わず)インターネット上で活発にみられた【↓2-8 聴衆/ファン、3-10 アマチュアリズム】。

他方で、ゲーム音楽は「**チップチューン**」とよばれる音楽ジャンルとも密接な関係にある。チップチューンでは、先述したように厳しい制約を持つゲーム機やコンピューターの内蔵音源をあえて用いた音楽制作が行われる。時には、実際のゲーム機を用いて音楽を奏でる試みも多く、その場合、ゲーム機はその役割をハックされ「楽器」として扱われる(田中二〇一七、日高二〇二一)。

加えて、ゲーム音楽はクラブ・ミュージックとも交わる。録音された音楽を素材に新たな音楽を作り出す行為に共通点がみられるだけでなく、楽曲の遷移というＩＭの根幹となる技術がクラブ・ミュージックにおけるＤＪの演奏と親和性が高いためである。

ゲーム音楽は、情報技術の進化とゲームというメディアに沿った固有性を帯びて今日にいたった。ゲーム音楽はあくまでもゲームに付随するものであり、音楽聴取のためのメディアではない。しかしデジタルゲームの世界的な普及状況に鑑みると、録音音楽が標準となったわれわれの音楽聴取に新しい切り口を与えうる可能性を十二分に示している。

尾鼻崇

参考文献

- G-trance、罰帝監修（二〇〇二）『そうだ、ゲームミュージックを聴こう!』マイクロマガジン社
- 上村雅之（二〇一三）「テレビゲームの誕生」、上村雅之＋細井浩一＋中村彰憲『ファミコンとその時代』ＮＴＴ出版、二一－一三八頁
- 尾鼻崇（二〇一六）『映画音楽からゲームオーディオへ』晃洋書房
- 尾鼻崇（二〇二〇）「ゲームオーディオ研究の展望――インタラクティブミュージックがもたらす音響メディアの拡張に向けて」、『立命館映像学』第一三、一四巻、五五－六五頁
- 田中治久（二〇一七）『チップチューンのすべて――ゲーム機から生まれた新しい音楽』誠文堂新光社
- 日高良祐（二〇二一）「プラットフォームをハックする音楽――チップチューンにおけるゲームボーイ」、梅田拓也＋近藤和都＋新倉貴仁編著『技術と文化のメディア論』ナカニシヤ出版、七七－九〇頁
- 文化庁（二〇二二）『Ludo-Musica』https://ludomusica.net/（二〇二二年八月一日アクセス）
- 吉田寛（二〇二二）「ゲームにとって音とはなにか――ダイエジーシス（物語世界）概念をめぐって」、細川周平編著『音と耳から考える――歴史・身体・テクノロジー』アルテスパブリッシング、四六六－四八一頁
- Collins, Karen (2008) *Game Sound: An Introduction to the History, Theory and Practice of Video Game Music and Sound Design*, The MIT Press.
- Sweet, Michae (2014) *Writing Interactive Music for Video Games: A Composer's Guide*, Addison-Wesley Professional.

第3部—2 Fashion

ファッション

キーワード KEYWORD
ジャンル、趣味嗜好、SNS、量産型、シグナル、コミュニティ、差異化、同一化、Instagram、マーケティング、「っぽさ」

音楽ジャンルの象徴としてのファッション

　見知らぬミュージシャンの写真を見たときに、服装や髪型からどういった音楽**ジャンル**であるか想像したことはないだろうか。また、初対面の相手の服装を見て、好みのアーティストのような**趣味嗜好**を想像することもあるだろう。もちろん、その予測は大きく裏切られることもあるが、ファッションがポピュラー音楽における特定ジャンルの象徴として機能する事例は少なくない。その一方で、今日ではSNSの影響下で「量産型」ファッションとアイドルファンのような、従来とは異なる音楽とファッションのつながりを示す事例も登場している。そこで本項では、ファッションを切り口にすることでポピュラー音楽をどのようにとらえることができるのかを検討し、とりわけファンダム間でのコミュニケーションの考察へと適用してみたい。なお、「アーティスト」や「ミュージシャン」の違いは、表現やパフォーマンスにおけるファッションの重要性にも影響する区分であると考えられるが、音楽とファッションの結びつきは多様なジャンルで幅広く見受けられるため、本項では厳密な区別を設けず概観したい。

音楽史を振り返ると、ファッションは特定のジャンルを認識するうえで重要な一要素となってきた。たとえば、パンクはわかりやすい例だ。音楽ジャンルとしてのパンク・ロックの定義や歴史的背景はわからずとも、破れたシャツやパンツに安全ピン、チェーン、モヒカンといったファッション・スタイルは多くの人が連想できるものだろう。一九七〇年代後半のロンドンのパンク・シーンを代表するセックス・ピストルズの影響で、とくにヴィヴィアン・ウエストウッドの手がけるスタイルがパンク・ファッションの象徴として認識されるようになった。ただし、実際には、高級ブランドであるヴィヴィアン・ウエストウッドのアイテムよりもＤＩＹしたアイテムが広く着用されていたが、それでも「パンクの女王」という印象が定着している。また、必ずしもパンク音楽のアーティストが典型的なパンク・ファッションをしているわけではなく、その逆も同様であるが、イメージとしての結びつきは現在でも非常に強固である。

それに加えて、こういったポピュラー音楽とファッションとの結びつきは、アーティストからファンにも広まることもある。もちろんステレオタイプもあるものの、こういう服装の人は、こういう音楽ジャンルを好んで聴いていそうだという一定の**シグナル**となりうるわけだ。たとえば一九九〇年代の渋谷系のムーヴメントでは、音楽だけでなくアニエス・ベーの服やファッション誌『Olive』のスタイルといったファッションも特徴的であったが、これはアーティストのスタイルからファンが影響を受け、特定のスタイルが共有されたことによって生じた現象だ。社会学者の難波功士は多様なユース・カルチャーの変遷を論じた『族の系譜学』（二〇〇七）のなかで、渋谷系では「音楽（ジャンル）の選好が、ライフスタイルの選択、さらにはあるユース・サブカルチャーへの投錨を意味することが一般的になるなかで、渋谷系は音楽ジャンルにとどまらず、ファッション、グラフィック・デザイン、クラブ・カルチャーなどを包含する一個のユース・サブカルチャーとして、やや曖昧ながらもその像を結んでいくことになる」と説明している（難波二〇〇七、二七九－二八二）。

このようにポピュラー音楽においては特定のジャンルと特定のファッションが結びつく事例が数多く存在してきた。シーンの盛りあがりとともに、特定のファッション・スタイルが音楽性や趣向を可視化する象徴となると、それは**コミュニティ**の輪郭を認識させるものともなりうる。社会学者のゲオルグ・ジンメルは人と違う姿を望む「**差異化**」と、集団に溶け込みたいという「**同一化**」から流行を理解しようとした（ジンメル 一九七六［一九一一］）。音楽ジャンルにおけるファッションも、歴史的な文脈や同時代の流れのなかから切り取られた、特定のジャンルやシーンの境界を引く「差異化」と、同じ嗜好を共有するコミュニティへの帰属を認識するための「同一性」という両面から読み解くことができるだろう。「同」音楽史とファッション史を架橋してとらえていくことは、ジャンルやシーンの成り立ちや広まりを紐解く視座となりうるのだ［↓2－1ジャンル］。

ファンダムコミュニティから生まれるファッション

加えて、ポピュラー音楽における特定のファッション・スタイルの広まりに着目すると、ファンダム間のコミュニケーションを理解する手引きともなる。特定のアーティストや音楽ジャンルを愛好するとき、そこにともなう行為は楽曲を聴くことだけではない。先にみた渋谷系の事例のように、日常の消費活動も特定の音楽への愛好と結びつくことがあり、ファッション・スタイルの選択はとりわけ象徴的だ。そして、それは必ずしも先に触れたアーティストのスタイルを模したものだけでなく、ファンダムの側から独自のスタイルが共有されていくケースもある。

そのなかでも男性アイドルを「推す」女性ファン

図1　「推し活」や「推し事」はファッションにおいても、ひとつのキーワード定着しつつある。アパレル通販サイトでも特集が組まれたり、専用のコーディネート共有サービスや「推し活」のための商品に特化した販売サイトも登場している。「量産ちゃん・地雷ちゃんコーデ特集」出典：https://dreamvs.jp/blogs/topic/dml_ryosan_zirai（2023年2月1日アクセス）

たちを中心に広まっている「量産型」と呼ばれるスタイルは、今日のファンの活動やファン同士のコミュニケーションを支えるメディア環境のなかで登場した特徴的な事例となるだろう【図1】。この量産型オタク、量産型女子とも呼ばれるスタイルは定義が非常に曖昧で、必ずしもアイドルファンだけに愛好されているものではないが、アイドルファン、とくにジャニーズのファンたちに典型的なスタイルとしても認識されている。およそ一〇年ほど前のアイドルファンのファッションとして連想されるものは、ライヴに行く際の「参戦服」として好きなメンバーのメンバーカラーのトータルコーディネート、メンバーの名前を大きくアップリケしたものなど、わかりやすくファンであることを強調したものが多かった。そこでは派手なチュチュやつなぎといった日常着とは異なるアイテムが用いられていたが、近年の「参戦服」は日常着でも用いられるアイテムが選択されるようになり、リボンやフリルがあしらわれたワンピースやブラウス、レースやリボンを編み込んだヘアセットといったスタイルが増え、これが「量産型」として認知されている。

このようなスタイルが浸透した要因のひとつに、**Instagram**がファン活動を支えるツールとして定着したことが考えられる。一般的にとくに若年層女性のInstagram運用においては、投稿する写真の内容や色味の統一感が重視される傾向にある。いくら他人に見せたい、記録に残しておきたい投稿内容でも色味が合わないと投稿しにくいとされるため、こういったInstagramへの投稿を前提とした色味やテイストを強く意識した商品開発も行われている。実際に現時点で約一八〇万件の投稿がある「#量産型ヲタク」タグの投稿をみてみると、同一アカウント内での投稿はもちろん、ハッシュタグがつけられた多くの投稿できわめて類似した色味や加工のテイストがみられる。今日のアイドルファンの活動がソーシャルな性格を強めるなかで（筒井 二〇二二）、こうしたアカウント運用は情報交換や同じ活動を楽しむ仲間を見つけ出し、好みの近い仲間を見つけるうえで重要な手段となっているのだ。またライヴやコンサート、イベントへの参加を写真に残し、Instagramへ投稿することがファン活動の基盤を成すなかで、趣味の良さも重要視されている。「#おしゃれなジャニオタさんと繋がりたい」というハッシュタグには五〇万件を超える投稿があり、「推し活」をする仲間にセンスが求められていることがわかる。

このような「量産型」ファッションの事例は、ファンダムにおいて共有されるファッションの分析がファンダム間でのコミュニケーションの実態、とりわけ現代のメディア環境の影響をとらえる視座となることを示している。今日では多様な領域でInstagramやTikTokが**マーケティング**に活用され、情報発信や交流の場として重要性を高めているなかで、音楽とファッションが交わる領域でも数多くのミームや流行が生み出されている［↓2－8 聴衆／ファン］。

それゆえ、アイドルファンに限らず多様なジャンルで、SNS環境下でのポピュラー音楽とファッションの関わりを分析していくことができるだろう。今日のファッションにおいては特徴的なジャンルが見出しにくくなっているが、誰しもにわかりやすい際立った差異でなくとも、特定のコミュニティ内で共有される感覚や**「っぽさ」**は存在する。この「っぽさ」を理解し習得することこそが、特定のムーヴメントへの帰属意識をつくりだし、互いの同一性を確認し、ゆるやかなつながりを生み出すものであるのだろう。

藤嶋陽子

参考文献

- 青野賢一（二〇二二）『音楽とファッション――6つの現代的視点』リットーミュージック
- アクロス編集室（二〇二一）『ストリートファッション 1980–2020――定点観測40年の記録』PARCO出版
- 菊池成孔（二〇〇八）『服は何故音楽を必要とするのか？――「ウォーキング・ミュージック」という存在しないジャンルに召還された音楽たちについての考察』INFASパブリケーションズ
- ジンメル、ゲオルグ（一九七六［一九一一］）「流行」、『ジンメル著作集7　文化の哲学』円子修平＋大久保健治訳、白水社、三一－六一頁
- 筒井晴香（二〇二二）「孤独にあること、痛くあること――「推す」という生き様」、『ユリイカ　特集＝女オタクの現在』二〇二〇年九月号、七二－八一頁
- 難波功士（二〇〇七）『族の系譜学――ユース・サブカルチャーズの戦後史』青弓社

第3部｜3

アニメ

Anime

キーワード KEYWORD
劇伴音楽、BGM、アニメ・ソング、声優アイドル、子供、キャラクター・ソング、製作委員会、コンテンツビジネス、版権ビジネス

アニメと音楽

アニメ作品における音楽の要素は、作品の象徴として機能するもの（多くの場合ヴォーカル曲）と、作品内で描かれる状況を補完するもの（劇伴音楽）の二つに大別できる。前者に該当するのは、作品のオープニングやテーマ曲などのいわゆる「アニメ・ソング」と呼ばれるものである。テレビ番組の場合、オープニング曲は放送のたびに流れるので、作品の看板的存在とみなされることに加え、アニソン歌手や声優、アイドルやJ－POPのミュージシャンなど多様な歌手が起用されるため、社会的関心を集めやすい［↓2－5 映像］。

一方、作品内の状況を補完する音楽とは、BGM（バック・グラウンド・ミュージック、しばしばサウンドトラックとも称される）である。『イノセンス』（二〇〇四）など海外でも支持者が多い作品を生み出している押井守は、「予算の3～4割をかけてもいい、と思っている」（『攻殻機動隊』サウンドトラック 一九九五、一〇）とアニメにおけるBGMの重要性を説く。と

いうのも、実写作品では生身の俳優の視線や手の動きなどの微細な動きで多くの情報を伝えることができるが、アニメは事前に「仕込む」必要があり、オーディエンスはどうしても不自然さを感じ取ってしまう。BGMはそうした不自然さを緩和するために不可欠なのだ。とはいえ、BGMの多くは歌詞のないインストゥルメンタル曲でメロディの断片であることから、歌曲に比べると社会への伝播力は高くない。

アニメ音楽研究の切り口

では、アニメ音楽の研究にはどのようなものがあるのだろうか。ここでは楽曲・オーディエンス・制作の三つに大別して概観していきたい。

第一に、楽曲に注目したものである。**アニメ・ソング**を「**子供の歌**」と位置づけ、音楽教育の教材への活用を検討してきた音楽教育学の研究はその嚆矢として挙げられる。たとえば阪井恵・酒井美恵子著『音楽授業でアクティブ・ラーニング！』（阪井＋酒井二〇一七）では、音楽鑑賞の素材としてアニメ音楽が提案されている。また、楽曲分析を通してテレビアニメの主題歌に盛り込まれたジェンダー表象を明らかにした北川純子「戦え！　少年――テレビ漫画主題歌とジェンダー」（一九九九）がある。また、特定の作曲家に着目し、その作風が作品に与えた影響を楽曲の構造から分析したものに、葉口英子による「アニメにおける映像と音楽の相互作用――『ＡＫＩＲＡ』を事例として」（葉口二〇一一）がある。音楽制作を担当した山城祥二と芸能山城組の作風が、作品の世界観にどのようにマッチしているのかが細やかに分析されている。日本のテレビアニメには、開始当初は芸術音楽や、コマーシャル音楽など多様なジャンルで活動する作曲家が関わっていたが、しだいにアニメを専業とする作曲家が手がけるようになり、現在ではＪ－ＰＯＰのミュージシャン（それも「通好み」の）が担当することも珍しくない。山城祥二と芸能山城組はその先駆け的事例に位置づけられる。アニメ映画の音楽を分析したものとして、『ディズニー・ミュージック』（谷口二〇一六）がある。本書が取りあげるディズニー社の作品は、初のトーキーアニメ映画を商業的に成功させたという点だけでなく、創始者であるウォルト・ディズニー自身が音楽のアニメに及ぼす影響を強く意識した演出（キャラクターの動き合わせた音楽をつけるなど）をほどこしており、のちのアニメの表現に強い影響を及ぼしたという点においても重要である。また、ディズニー社以外のアニメーション作品については、レベッカ・コイル編『Drawn to Sound』（Coyle 2010）に収録された論考や細馬宏通『ミッキーはなぜ口笛を吹くのか』（細馬二〇一三）が詳しい。

第二に、アニメ音楽のオーディエンスに焦点をおいたものである。先に触れた音楽教育学では子供の音楽との関わり方を分析するにあたりアニメ音楽を取りあげることがある。子供の声域が低下する傾向を、彼らにとって身近な音楽であるアニメの主題歌の声域の低下から分析を試みた細田淳子「子どもの声域とTVアニメ主題歌」（一九九五）は、その一例といえる。また山崎晶「「歌う声優」の誕生――タレント性とキャラクター性の相乗効果」（二〇二〇）では、声優が出演作品の主題歌を担当することでその活動をオーバーグラウンド化させ、アニメに関心のないオーディエンスからも認識されるようになるプロセスを描き出している。声優の歌手活動の多くは担当するキャラクター名義、すなわち**キャラクター・ソング**として行われ、近年では作中でキャラクターが披露するダンスとほぼ同じ振付を声優がコンサートで披露し、声優はキャラクターにもっとも近い存在（「中の人」）として提示されることも珍しくない**［図1］**。声優自身とキャラクターという虚構の存在を、オーディエンスはどのように重ね合わせたり区別したりしているのか。この問いには、アニ

図1 TVアニメ『ぼっち・ざ・ろっく！』（2022）のキャラクター・ソング集『結束バンド』のジャケット。アルバムタイトルの「結束バンド」は主人公が所属するバンドの名である。作品名がごく控えめに記載され、声優名の表記がないため、まるで「結束バンド」のアルバムのようである

メやマンガ作品をミュージカル化したいわゆる「2.5次元ミュージカル」研究が導きの糸になるだろう。須川亜紀子『2.5次元文化論』（須川二〇二一）では、演出家をふくむ演じ手とオーディエンスの双方への調査を通して、キャラクターとそれを演じる生身の俳優との間に生じるへだたり（たとえば声の高さ）は、彼らの演技がキャラクターのイメージに基づいて行われることで、埋め合わされていると整理する。

第三に、アニメ音楽の制作面に切り込んだものである。一九九〇年代半ば以降は、作品製作資金を複数の企業で組合を作って出資する「**製作委員会**」方式で製作されることが主流になった。このスタイルで作品製作が行われるようになって、作品に関連するあらゆるビジネスが確実に収益を得られるよう工夫を凝らすようになった。当初は作品を多様な商品展開が可能なコンテンツとみなす「**コンテンツビジネス**」、作品が多岐にわたる版権を有することから「**版権ビジネス**」などと呼ばれ、新たなビジネスモデルとして注目された。音楽制作に生じた変化として、山崎（二〇〇七）は、作中のキャラクターによる歌唱を収録したキャラクター・ソングの制作、BGMのCD化、BGMをリミックスしたCDの販売やコンサート開催などを挙げる。あわせて作品に関連する商品の展開時期が参加企業間で調整されるようになり、作品がオーディエンスの関心を惹き続けることが目指されている（Yamasaki 2010, 219）。

最後に、アニメ音楽の今後の展望について述べておこう。映像コンテンツのサブスクリプション・サービスの隆盛により、人びとは気軽にアニメを視聴

するようになりつつある。とりわけ、アニメ専門サービスの台頭は、世界中でほぼタイムラグなしに日本のアニメを楽しむことを実現させ、オーディエンスのグローバルな広がりを後押ししている。同時に作り手の側のグローバル化も進み、近年では中国で制作された作品が日本で話題になることもある。オーディエンスや作品制作のグローバル化の影響は音楽制作にも見られ、CD販売を通して制作費を回収することから、コンサートなどのイベント開催へと軸足が変わりつつある。またBGMの作曲家がみずから担当した作品のコンサートを動画配信サイトで公開し、コメント欄に多様な言語の応援メッセージが飛び交っていることもある。アニメ文化には今後ますます多様な制作者が関わり、多様な楽しみ方が生まれてくるだろう。それは同時にアニメ音楽の研究トピックの拡大にもつながっていくといえる。

山崎晶

参考文献

- 北川純子（一九九九）「戦え！　少年――テレビ漫画主題歌とジェンダー」、北川純子編『鳴り響く性――日本のポピュラー音楽とジェンダー』勁草書房、一八〇―二一〇頁
- 阪井恵＋酒井美恵子（二〇一七）『音楽授業でアクティブ・ラーニング！――子ども熱中の鑑賞タイム』明治図書出版
- 須川亜紀子（二〇二一）『2.5次元文化論――舞台・キャラクター・ファンダム』青弓社
- スタインバーグ、マーク（二〇一五［二〇一二］）『なぜ日本は〈メディアミックスする国〉なのか』大塚英志監修、中川譲訳、角川書店
- 谷口昭弘（二〇一六）『ディズニー・ミュージック――ディズニー映画音楽の秘密』スタイルノート
- 葉口英子（二〇一一）「アニメにおける音楽と映像の相互作用――『AKIRA』を事例として」、『静岡産業大学情報学部研究紀要』第一三巻、一〇三―一一八頁
- 細馬宏通（二〇一三）『ミッキーはなぜ口笛を吹くのか――アニメーションの表現史』新潮社
- 細田淳子（一九九五）「子どもの声域とTVアニメ主題歌」、東

京家政大学『東京家政大学研究紀要1 人文社会科学』第三五巻、一八九－一九五頁

- 増田弘道（二〇一八）『アニメビジネス完全ガイド』星海社
- 山崎晶（二〇〇七）「劇伴音楽の作品化——異業種間連携に伴う製作の変化について」、『年報人間科学』第二八巻、三九－五四頁
- 山崎晶（二〇二〇）「「歌う声優」の誕生——タレント性とキャラクター性の相乗効果」、『総合社会学部研究報告』第二一巻、三一－四四頁
- Coyle, Rebecca (ed.) (2010) *Drawn to Sound: Animation Film Music and Sonicity*. Equinox.
- Yamasaki, Aki (2010) "Cowboy Bebop: Corporate Strategies for Animation Music Products in Japan," in Rebecca Coyle (ed.), *Drawn to Sound: Animation film Music and Sonicity*, Equinoxm: pp. 209–222.
- Yamasaki, Aki (2014) "The Emergence of Singing Voice Actors/Actresses: The Crossover Point of the Music Industry and the Animation Industry" in Mitsui, Toru (ed.), *Made in Japan: Studies in Popular Music*, Routledge. pp.191–207.

第3部——4 Sports

スポーツ

キーワード KEYWORD
ポピュラー音楽の越境、真正性、場（フィールド）、ヒップホップ、本質主義、ストリートダンス、ブレイクダンス、オリンピック、制度化、ダンスする／スポーツする身体、再現性／非再現性、アウラ、カルチュラル・スタディーズ

「スポーツや音楽に政治を持ち込むな」という言葉をしばしば目にする、またはそう思っている読者もなかにはいるのではないだろうか？　しかしながらスポーツや音楽は、政治と切り離して考えることはできない。

二〇一八年の平昌《ピョンチャン》オリンピックの開閉会式では、韓国のポピュラー文化の魅力を世界へ発信するという国家ブランディング政策の一環として、K-POPアイドルによるパフォーマンス演出があった（喜多二〇二〇）。また二〇二二年二月に開催されたアメリカン・フットボールの最高峰の試合である第五六回スーパーボウルのハーフタイム・ショーでは、人種差別への抵抗活動であるブラック・ライヴズ・マター運動の象徴的なポーズや楽曲を、ヒップホップ・アーティストらが披露する一場面があった（有國二〇二二）。このようにスポーツや音楽はエンターテインメントとして社会から独立した存在ではなく、政治的に利用され／利用している点で、政治的文脈に絡めとられやすい性質を帯びている。

ではなぜスポーツやポピュラー音楽はそのような

性質を帯びやすいのか？　本項ではとくに「本物らしさ」をキーワードとして、それをめぐる政治性という視点から両者に交錯する議論をいくつか示していきたい。

「本物らしさ」をめぐって

音楽には、J－POPやK－POPといったジャンルがあるゆえに、それらに付与される「〇〇らしさ」やルーツが重視されることがある。特定の国や地域性、文化的背景を有する音楽が**越境**する際、何をルーツとするのか、また誰が担うのか、何を重視して実践するのかなど、さまざまな価値観が衝突する。そこで音楽は自らの「**本物らしさ**」（**真正性**）の主張をめぐって闘争が繰り広げられる「**場**」（**フィールド**）としてとらえることができる（南田二〇〇一）。

ヒップホップという音楽はとくに、アフリカ系アメリカ人をはじめとしたエスニック・マイノリティの人びとが直面している人種差別や失業による貧困、犯罪やドラッグといった社会問題とも関わる音楽でもある。こうしたことからヒップホップは、「黒人の音楽」という性格を強く持っている（有國二〇二二）。

そのためヒップホップには「黒人によるラップこそが本物だ」、「過酷な状況を経験したことのないラッパーはフェイクだ」などの「ヒップホップとはこうあるべき」という**本質主義**的な価値観が根強くあり、黒人以外が実践するヒップホップは軽視されることもしばしばある。音楽という「場」はこのように、各々が正しいと思っている「本物らしさ」や「本質」をめぐって、さまざまな価値観や意見の駆け引きによってせめぎ合いながら形成されている点で、実に政治的といえる［↓1－7レイス］。

競技としてのブレイクダンスは「本物」か？

ストリートダンスのなかの一ジャンルとして確立

し、DJ、ラップ、グラフィティと並びヒップホップ文化の四大要素のひとつでもある**ブレイクダンス**は、二〇二四年のパリ・**オリンピック**から「ブレイキン」として正式種目となる。また日本の学校でも、体育の授業でダンスが必修化され、部活動としてストリートダンスに取り組む生徒も増加した。

しかし学校現場においては、ダンスを教えられる先生は非常に少なく、十分な授業状況とはいえないため、文科省から委託された法人が、授業用にストリートダンスの教材を制作している**【図1】**。しかしその教材では、ストリートダンスを踊るのにヒップホップなどの楽曲を使用するのではなく、音楽の授業で馴染みのあるクラシック音楽をダンス・ミュージック風にアレンジしたものが使われている。未成年にふさわしくない内容が含まれることを示す「ペアレンタル・アドバイザリー」が多いヒップホップ系の音楽は、もちろん学校教育においてもふさわしくない。しかしヒップホップのビートやリリックに染み付き滲み出る文化的な側面を、身体パフォーマンスで視覚的に表現するのが、ヒップホップ文化におけるストリートダンスの重要な役割のひとつである。では、その教材で踊られているストリートダンスは「本物」だろうか？

また、オリンピックでブレイキンをパフォーマンスする際にも、公序良俗に反するという理由からヒ

図1　日本ストリートダンススタジオ協会が公開している学校授業用模範映像。いずれも室内のスタジオで撮られており、音楽には〈ドレミの歌〉や〈カノン〉が用いられている。（出典：https://nssa.or.jp/movie/　2023年2月20日アクセス）

ップホップの文脈とは関係ない楽曲が用いられたり、ブレイクダンスではお決まりとなっている対戦相手を煽るギャング文化由来のハンドサインは禁止されたり、といった規定が設けられる予定である。果たして、このようにオリンピック競技として一般に受け入れられるように削ぎ落とされ歪められ加工された「ブレイキン」は「本物」といえるだろうか?

このようにストリートダンスやブレイキンといったスポーツからは、文化的側面やルーツは軽視・捨象され、その代わりダンスの動きや形式のみが抽出される。身体運動としての側面のほうを全面化することで、オリンピック種目や体育の授業に取り入れやすいように「加工」されているのである。つまり今日、**ダンスする身体**は、国際的な大会や資本、また政治的な権力の作用によって音楽や文化的背景は引き剝がされ、**スポーツする身体**として扱われるようになってきている。

ポピュラー音楽とスポーツの結節点

スポーツにおいては、二度と再現することができない**非再現性**によってその芸術性や唯一無二性(**アウラ**)があること、またそれゆえ予期せぬドラマや創造的なパフォーマンスが生まれることに面白さがあるともいえる。しかしまた、「魅せ方」が重視され、見る者によって評価が異なるストリートダンスなどをオリンピック競技にするには、フィギュアスケートのように客観的な評価基準を設け、公正で明確な勝敗の決め方が求められる。しかし主観的で多様な価値観で評価されてきた文化を、客観的で一方的な評価基準に当てはめて測るのは、その競技において正しい評価方法であるとは言いがたい。

そもそも音楽に合わせて踊り、身体で音楽を表現することで競われるダンスでは、スポーツ的な身体性と音楽性は不可分である。にもかかわらず、スポーツ競技としての側面が重視されることで、音楽との関係性が変容してしまっているのである。

音楽にも、ライヴやコンサートのような「いまここ」でしか享受できないという一回性がある。しかし一方、レコードやCD、データによる大量複製技術によって「いつでもどこでも何度でも」再生できるという音楽の消費のあり方もある。何がオリジナルで何がコピーなのか、またそれに芸術性やアウラはあるのかといった「本物」をめぐる議論がある。

これらについては、TikTokのようなSNSで投稿されたダンス動画が、無数に模倣され、リミックスされ、共有されていく事象にも当てはめて考えることができる。ダンスする身体は、歌詞で言語化できないような感情を動作で表現することも可能であり、それが繰り返し再生・複製・再生産されるたびに音楽の解釈の幅をさらに広げることに寄与している。またダンスする身体が、BGMとして使用した楽曲をヒットさせたり、再ブレイクさせる装置にもなっているという点では、音楽と身体の関係性を考察するのに重要な事例といえる。

上述したヒップホップの音楽のように、特定の人種やジェンダー・イメージを維持・再生産する音楽ジャンルがあるのと同様に、スポーツ競技にもバスケットボールやボクシングといった特定の人種や階層、またフィギュアスケートやプロレスのように特定のジェンダー・イメージと強く結びつく競技がある。こうした、誰の、誰による、誰のための音楽や競技が「本物」なのかという本質主義的な議論は、文化を人種や階層、ジェンダーなどの枠組みで区別し、構造的な差別の維持・再生産を助長する危険性を秘めている。

このように、ナショナリズムや帰属をめぐって政治が繰り広げられる場としてスポーツや音楽をとらえてきた学問が、**カルチュラル・スタディーズ**である。スポーツやポピュラー音楽を単なるサブカルチャーではなく、社会に大きな影響を及ぼしうる文化としてそれらを学問的な分析対象にしてきた。そのため、スポーツや音楽における人種やジェンダーといった政治的な問題とメディアとの関係に迫る研究蓄積も豊富で、スポーツとポピュラー音楽という異なる両文化を同じ俎上にのせて分析できるようにしてくれる点で、大変有効性がある。

最後に、本項ではおもにスポーツとポピュラー音楽における「本物らしさ」をめぐる政治性についてみてきたが、ある文化のイメージや「本質」、「本物らしさ」とは個々人、また人びとを取り巻く社会、文化によってもさまざまなため、じつはとても曖昧なものである。何が本物なのかよりはむしろ、それらがどのようにして形成され、またそこから何がこぼれ落ちているのか、そしてポピュラー文化としてどのような形で私たちの前に立ち現れているのかといった背景や構造について考えることのほうが重要になる。

また、文化現象の背景にある人種や国籍、ジェンダーといった政治性への着目も重要であるが、同時に、それに囚われすぎることで何かを取りこぼしてしまうかもしれないことにも注視しなければならない。文化の担い手や価値観、オーディエンス、意味づけなどがどのように変容・多様化していくのかという動向に目を配ることもまた、文化研究においては非常に重要になってくる。

有國明弘

参考文献

- 有國明弘(二〇二二)「ヒップホップは何を映し出すか」、『中央公論』令和四年七月号、一九四―二〇一頁
- 喜多満里花(二〇二〇)「K-POPは誰のものか?――文化コンテンツの越境、ポピュラー音楽のジャンル、ファン文化」、石田佐恵子+岡井崇之編著『基礎ゼミ メディアスタディーズ』世界思想社、一一四―一二二頁
- 南田勝也(二〇〇一)『ロックミュージックの社会学』青弓社
- 公益社団法人日本ダンススポーツ連盟「ブレイキンのダンススポーツにおけるジャッジシステムについて」https://breaking.jdsf.jp/judgement-system/(二〇二三年一月二〇日アクセス)

第3部―5

アーカイヴ／ミュージアム

Archive/Museum

キーワード KEYWORD
アーカイヴ、ミュージアム、文化遺産化、正典化、階級、収集、保存、展示、キュレーション、展示技法

ポピュラー音楽の文化遺産化

ポピュラー音楽は、人びとの日常に根ざした娯楽文化である。したがって、録音技術がどれだけ発達しても、時代の空気とともに移ろいゆくものというイメージが強かった。しかし、近年、ポピュラー音楽を未来に保存しようとする「ポピュラー音楽の**文化遺産化**（heritagization）」が進んでいる。

ここで言うポピュラー音楽の文化遺産化とは、ポピュラー音楽や、それにまつわるモノ（媒体）、文化、人びとの記憶を**収集・保存・展示**する行為を指す。すなわち、ポピュラー音楽を、人類の遺産ととらえ、その文化的な意義を（再）解釈したり、後世に残そうとする所作である。

近代社会は、人びとを伝統的な共同体における時間と空間から切り離し、国民国家を単位とするそれへと再編した。その過程で、さまざまな過去をパッケージとして遺産化する行為が生まれ、**ミュージアム**の設立や遺跡の保存という文化実践が繰り返されるようになる（Walsh 1992）。しかし、ポピュラー音

楽を含むポピュラー文化は、長い間下位の文化とみなされ、遺産化の対象の外に置かれてきた〔↓1-3 コマーシャリズム／キャピタリズム〕。状況に変化が訪れるのは、一九九〇年代である。ここにきて、ポピュラー文化が遺産化の対象に加わり、移り変わる流行の速度に抗うように急速に進められるようになる。ポピュラー音楽に関していえば、そうした実践が加速したのは、音楽産業に携わってきた戦後のベビーブーマー世代がグローバル規模で高齢化し、過去を振り返る作業に入ったからだという（Bennett 2015, Baker et al. 2019）。

遺産化の実践とそのポリティクス

では、こうした遺産化とは具体的にどのような作業を指すのだろうか。ここでは、**アーカイヴ**の構築、ミュージアムの設立、展覧会の開催といった文化実践の在り方と、それが孕むポリティクスについて、より具体的にみていこう。

まず、音楽アーカイヴの構築には、記録媒体を通じて音源やアーティストの演奏動画を収集・保存し、それらを体系立てて公開するという所作が求められる。音源を収集するにせよ、それらを整理して提供可能な形に整えるにせよ、そこには人的資源と莫大な経費が必要になる。そのため、豊かな資金を所有する組織や個人が私財を投じて映像や音源を収集し、ライブラリ（ウェブ上のそれを含む）として公開するパターンが一般的である。構築されたアーカイヴは、公開を目的としているため、そのほとんどが万人に開かれている。

ここで考えなくてはならないのは、アーカイヴされたポピュラー音楽が結果的にもたらす、**正典化**の力学についてである。何がアーカイヴされたかは、個々のケースだけみれば偶然性に因るところが大きくても、総体としてみれば、誰が、なぜ、それを残したのか（あるいは残さなかった／残せなかったのか）は、構造的な問題である。アンディ・ベネットは、現在のポピュラー音楽の文化遺産化は、英米系白人中産階級の基準で選ばれたものを正典化し、とくにローカルや周縁的な文脈のなかでのポピュラー音楽の在り方をかき消してしまうことを指摘している(Bennett 2015)。グローバルな音楽産業で発言権や権力を持つ英米系白人中産階級のベビーブーマーが文化遺産化の主体になることで、とくに洋楽ロックを中心としたポピュラー音楽観が形成されてしまうというのだ。そして、こうして構築されたアーカイヴが万人に開かれ、受け入れられるほど、正典化は促進される［↓3-7アジア］。

こうしたベネットの指摘をさらに強化するのが、ミュージアムの展示や、展覧会という装置である。ミュージアムは、文化を収集・保存・展示する施設だが、先のような音楽アーカイヴとは異なり、物理的な空間を持つ。音源や映像以外にも、ファッション(衣装)、楽譜、楽器、レコードやCDのジャケット、ポスター、チケット、ファングッズといった、ポピュラー音楽の文化を構成するモノをアーカイヴし、かつ人びとに公開することができる。過去のポピュラー音楽が人びとの記憶に作用するには、その音源とともに当時のメディア、空間、環境、社会――すなわち文化全体を提示することが求められる。文化遺産化のためにミュージアムが多くつくられるのは、モノと情報を駆使したトータルな物語が、われわれの記憶に強く作用するからだ。

何よりも、文化遺産化という行為は、過去を、人びとがまなざすための形に変換する実践であり(Walsh 1992)、何をテーマとして設定し、それをどのように語るか、という選択と解釈と編集をともなう展示という行為は、その核にある。さらに、ミュージアム研究の領域では、ミュージアムが白人中産階級のスタッフがおもに働き、白人中産階級が出かける空間であることが度々指摘・批判されてきた。そうなれば、ここでも特定の層によるポピュラー音楽の物語が再生産されることは、不可避と言える。

ポピュラー音楽を展示する技法

しかし、これらの理由をもって、ポピュラー音楽ミュージアムをつくることに反対する人はいないだろう。重要なことは、正典をつくりあげる力学や、それ以外を結果的に排除していく力学をつねに考えながら、それに少しでも抗いつつ実践を積みあげていくことだ。そのためには、ポピュラー音楽が文化遺産化される場をつぶさにみていくことが必要だ。

ポピュラー音楽の**キュレーション**に関する研究は、まだまだ少ないとはいえ、すでに一定のボリュームをもつ（たとえばCohen et al. (eds) 2015, Bennet and Janssen (eds) 2017, Baker et al. 2019などで言及されている論文を参照）。サラ・ベーカーらは、これまでに展示制作を類型化した研究を参考にしながら、ポピュラー音楽を展示しようとする際に直面する要素を八つに整理している。①主流の（そして隠された）歴史の称揚、②経済性とミュージアム体験、③場所の影響、④物質文化の展示、⑤ポピュラー音楽の過去に関するナラティヴ、⑥キュレーターの主観や個人的バイアス、⑦記憶とノスタルジア、⑧音のインクルージョン（Baker et al. 2019）。すなわち、ポピュラー音楽を展示すれば、必ず歴史を称揚することになり、その場所性が問われる。また、必ずモノを必要とし、過去のナラティヴの影響を受け、キュレーターの主観を逃れられない。同時に、展示は、来館者側の記憶とノスタルジアを必要とし、また音をどのように展示に反映させるかが重要になる。さらに、展示がどのような効果や体験をもたらすのかを、つねに考えなくてはならない。展示制作においては、それら一つひとつが、ミクロで現実的な課題となって立ちはだかる。

たとえば米国セントルイスにある国立ブルース博物館（National Blues Museum）では、ブルースの誕生と発展を、土地の歴史や人種の問題などと絡めた社会的な角度から取りあげ、ブルースをひとつの文化として展示している【図1】。その過程では、キュレーターの判断で、特定のアーティストや特定の歌が取りあげられ、それらに関わるモノが展示されている。「セントルイス・ブルース」なるコーナーもつくられ、ローカリティも意識されている。しかしそれは同時に、そこには取りあげられなかった多くのアーティストや歌があることを意味する。またブルースというジャンルの「音」を展示する工夫も為されており、ブルースを構成する単語と音楽（楽器やリズム）を端末上で来館者が手軽に再構成できるハンズオン展示が開発されている。これらの**展示技法**には、たしかに先述のベーカーらによる類型の要素がほぼ入っている。その意味において、文化遺産化の過程は、一つひとつの技術や技法に裏打ちされており、遺産化のポリティクスに対する批判的検証だけでなく、技法に関する専門知の研究も重要である。

図1　国立ブルース博物館の展示室。右側の展示では、ブルースのもっとも深いルーツがアフリカのYarum Praise Songsにあることが示されている。

日本におけるポピュラー音楽の文化遺産化

最後になるが、日本のポピュラー音楽の文化遺産化は、ようやく途についたところである。たとえば山中聡による展覧会（詳細は村田二〇一六を参照）や、三浦文夫による音楽映像アーカイヴ構築とアーティストＩＤ付番など、一部の音楽関係者がようやく体系的な俯瞰を試みている。また、ミュージアムに関して言えば、山田晴道が分析するように、日本では市区町村立の、アーティスト個人を顕彰するものがほとんどであり、ポピュラー音楽やそのジャンルを俯瞰したり、地域とポピュラー音楽の在り方を問うようなミュージアムや常設の展示は現在のところほとんどない（山田 二〇一三）。紙幅の都合で展開できないが、これには、日本の博物館を取り巻く社会的状況や、日本のポピュラー音楽の文化的な立ち位置などが影響している。アーカイヴやミュージアムの偏りや正典化が問題になってくるのは、もう少し実践や研究が積みあがってからだろう。

村田麻里子

参考文献

- 三浦文夫（二〇一六）「アーティストコモンズのアーキテクチャーについて——ポピュラー音楽アーカイブ・ミュージアムとメディアプラットフォームとの関わり」、『関西大学社会学部紀要』四七巻二号
- 村田麻里子（二〇一六）「ポピュラー文化を展示する——スポーツ・マンガ・ポピュラー音楽を事例に」、『関西大学社会学部紀要』四七巻二号
- 山田晴道（二〇一三）「立地からみた日本のポピュラー音楽系博物館等展示施設の諸類型」、『東京経済大学人文自然科学論集』134、東京経済大学人文自然科学研究会
- Baker, Sarah, Lauren Istvandity and Raphal Nowak (2019) *Curating Pop: Exhibiting Popular Music in the Museum*, Bloomsbury Publishing.
- Bennett, Andy (2015) “Popular Music and the “Problem” of Heritage,” in Sara Cohen, Robert Knifton, Marion Leornard and Les Roberts (eds.) *Sites of Popular Music Heritage: Memories, Histories, Places*, Routledge.
- Bennet, Andy and Susanne Janssen (eds.) (2017) *Popular Music, Cultural Memory, and Heritage*, Routledge.
- Cohen Sara, Robert Knifton, Marion Leornard and Les Roberts (eds.) (2015) *Sites of Popular Music Heritage; Memories, Histories, Places*, Routledge.
- Leonard, Marion. (2010) “Exhibiting Popular Music: Museum Audiences, Inclusion and Social History,” in *Journal of New Music Research*, 39(2).
- Walsh, Kevin (1992) *The Representation of the Past: Museums and Heritage in the Post-Modern World*, Routledge.
- National Blues Museum https://nationalbluesmuseum.org/

第3部—6 City

シティ

シティ、つまり「都市」とポピュラー音楽の関わりはきわめて深い。人類史において、音楽は社会集団を維持するために、あるいは喜怒哀楽の感情を表現するために欠かせない普遍的な行為であった。それゆえ人びとが集住・交流して社会を営む都市において、音楽が演奏され、また伝承されてきたのは必然的なことだった。それは現在に生きる私たちにとっても同様である。都市は音楽が演奏され、記録され、流通される空間であるし、その聴き手である私たちもまた、都市と関わって生活している。

キーワード KEYWORD
アテネ憲章、都市的生活様式（アーバニズム）、集積の経済、音楽的装置、東京一極集中、地域性（ローカリティ）、真正性、空間の生産、場所、空間感覚、シティポップ、シーン、創造都市、ジェントリフィケーション、聖地、サラ・コーエン、都市再生、渋谷系、ブランディング、アメリカ大都市の死と生

都市の定義にはさまざまなものがある。たとえば建築物の高層化や大規模交通インフラの整備を提唱し、近代都市計画に多大な影響をおよぼした建築家ル・コルビュジエは、一九三三年に発表された**アテネ憲章**のなかで、都市のおもな機能を「住む・働く・憩う・移動する」の四つに分類した（ル・コルビュジエ 一九七六［一九四三］、二五）。またシカゴ学派の都市社会学者であり、**都市的生活様式（アーバニズム）**の概念を提唱したルイス・ワースは都市を「人口が多く、人口密度が高く、人口の異質性が高

い場所」として定義した（ワース二〇一一［一九三八］、一〇〇－一〇八）。彼らシカゴ学派は、異なる価値・習慣を持つ移民集団が次第に都市へと適応し、やがて新たな社会組織をつくりだす過程に着目した。むろんこうした定義は古典的なものであるけれども、都市の安定性と不安定性の両面をとらえているといえる。

生産／消費空間としての都市

こうした都市の定義を前提としつつ、まずは「音楽を作り出す空間」としての都市に着目してみよう。音楽産業は、演奏者や作曲家だけでなく、音楽出版社、広告代理店、録音スタジオ、コンサートホールやライヴハウスなど、さまざまな業種が集まって形成されている。そして大抵の場合、音楽産業を構成する企業は都市部に集中する傾向がある。

音楽のようなコンテンツ産業にとって、こうした**集積の経済**はとりわけ重要である。美術館や図書館などの文化施設、テレビ・ラジオ・映画・雑誌などのメディア企業、飲食店やデパートなどの消費施設、あるいは文化地理学者の増淵敏之が**音楽的装置**と総称している（増淵二〇一〇、四四）、ライヴハウスやスタジオ、楽器店、音楽ソフト小売店などが集積している大都市圏は、クリエイター側にとってもリスナー側にとっても持続的な生産・消費活動を続けやすい空間であるといえる。しかし一方、戦後日本においては音楽産業の**東京一極集中**が進んだために、それ以外の都市では「デビューを機にミュージシャンが上京してしまう」、「持続的な営利活動が難しい」、「活動がほとんど報道されない」などといった弊害がつきまとった。こうした傾向はストリーミング・サービスの普及などによって改善されつつあり、また東京－地方の力関係を逆手に取る形で、地方、郊外、ニュータウンといった空間を自らのアイデンティティとするミュージシャンも現れているが、依然としてその障壁は高いままである。

ポピュラー音楽と空間

しかし、私たちは音楽の生産／消費空間としての み都市と関わるわけではない［↓2-6 場所］。ウェスト・コースト・ロックとカリフォルニアのように、あるサウンドの特徴が、その土地の**地域性（ローカリティ）**のあらわれであると説明されたり、あるいはヒップホップとブロンクスのように、アーティストと土地の深い結びつきが、その**真正性**を証明する根拠として用いられたりすることがある。

フランスのマルクス主義哲学者アンリ・ルフェーヴルは主著『**空間の生産**』のなかで、「空間」を無色透明の絶対的な器ではなく、社会的・文化的・政治的・経済的な権力関係のなかで「生産」されるものであると定義し、同時にそうした諸関係もまた、空間によって（再）生産されると論じた（ルフェーヴル 二〇〇〇［一九七四］、六六-七五）。

ポピュラー音楽もまた、私たちとの関わりのなかにさまざまな空間を生産している。それは生演奏のような直接的実践・聴取に限った話ではない。スピーカーの向こうにスターの姿を幻視することもあれば、イヤフォンをつけて街中を歩き、ドラマの登場人物になったような気分で聴くこともあるだろう。歌詞やサウンドに誘われて異国の街を思いかべることもあるだろうし、あるいはバイノーラル録音のような立体音響技術によって、相手が間近に存在しているような気持ちになるかもしれない（Stahl 2022, Chap. 1）。この重層的な構造をとらえるために、音楽社会学者のキース・ニーガスは、特有の社会的活動が行われる具体的な現場としての**場所**（place）と、より想像的・拡張的に構築された意識である**空間感覚**（sense of space）を区別している（ニーガス 二〇〇四［一九九六］、二六五）。私たちはこの二つの次元を行き来しながら、その音楽をどこかへと位置づけるのである。
たとえば二〇一〇年代の日本では、**シティポップ**と呼ばれる一九七〇～八〇年代の音楽ジャンルが再注目されたが、そのリバイバルには海外ファンダムの存在も深く関わっていた。興味深いのは、海外ファンの多くが一〇代から二〇代の若者で、おまけに日本を訪れた経験すらなかったにもかかわらず、その多くがシティポップを聴いてノスタルジアを感じていたことである。つまりファンたちは、アートワークやサウンドのイメージによって形作られた自身の空間感覚によって、経験したことのない過去への「懐かしさ」を感じていたのである（ソメ＋加藤 二〇二二、二六七―二七三）。

また都市メディア研究者のウィル・ストローは、多様な人びとが取り結ぶ連帯関係のなかでさまざまな音楽的実践が混交し、新たな音楽的インスピレーションを生み出す文化的空間を表す、音楽**シーン**（scene）という概念を提唱した。これは従来の、安定的な住民・階層集団が歴史的遺産に根ざした音楽実践を行う音楽コミュニティ（community）と対比される（Straw 1991, 373）。このシーンという概念もまた、社会的に生産される空間をとらえる枠組みとして考えることができるだろう。地理的には同じ地域で音楽活動を送っていたとしても、認識し、経験し、生きている空間はそれぞれに異なっているのである。

都市のアイデンティティと音楽

地理学者のジョン・コンネルとクリス・ギブソンが、「ローカル」の神話化（Mythologising "the local"）という言葉を用いて指摘したように、個人や小集団のなかで生まれた草の根的な《グラス・ルーツ》サウンドが人気を獲得し、やがて国内外の聴衆へ波及していくという（美しい）物語は、ひるがえって発祥の地に対するフェティッシュな憧憬を生み出す（Connell and Gibson 2002, 110–112）。「〇〇の**聖地**」となった土地にはスター志望者や観光客が集い、すでにデビュー済みのミュージシャンにとっては、その地域《ローカル》との結びつきをアピールすることが、グローバルな音楽市場において自身の真正性を示す一助となる。このような神話は都市の経済振興策として活用されることもあり、「ミュージック・シティ」を自認するナッシュヴィルのように、大規模な雇用創出とイメージの向上を成し遂げている都市も存在する。

　このような関係性を応用したものとして、文化経済学における**創造都市論**がある。これは行政が文化や芸術を振興し、活用することによってポスト工業化社会における都市の活性化や経済成長の実現、さらにはグローバル都市間競争における優位性の確立を目指そうとする理論である。その影響を受けて国連機関のユネスコが二〇〇四年に発足させた創造都市ネットワーク（Creative Cities Network）には映画や文学、食文化などと並んで音楽都市（City of Music）というカテゴリーが存在しており、日本では楽器産業で知られる浜松市が、二〇一四年にアジアの都市として初となる加盟を果たしている（ランドリー二〇〇三［二〇〇〇］、Baker 2019）。

　だが都市住民にとって、こうした都市振興策は手放しで歓迎されるものではない。民俗音楽学者の**サラ・コーエン**は、一九九〇年代以降のリヴァプール**都市再生**プロジェクトにおいてビートルズ神話が前面的に用いられていったことを記録している【図1】。この過程においてリヴァプールにはビートルズ・バーや博物館、銅像や記念碑といった観光客向け施設が建設されたが、一方で開発によって地価高騰が起き、それまで営業していたレコード店が立ち退きにあうなど、さまざまな形の**ジェントリフィケーション**（ある地区の高級化と、それに起因するワーキングクラス住民の排除をもたらす都市更新）が発生した（Cohen 2007, Chap. 6–7）。

　また日本においては、二〇一〇年代以降巨大な再開発プロジェクトが進んだ渋谷において、一九九〇年代に興隆した「**渋谷系**」音楽の再評価が進んだ。洗練され、国際的なイメージのあった渋谷系のアーティストを、行政が渋谷区の再**ブランディング**に用いようとしたのである。その結果、渋谷区の歌やイベント、さらには二〇二一年に開催された東京オリンピックにまで渋谷系のアーティストが起用されたが、一方で政治的文脈との結びつきは、さまざまな葛藤をも生じさせた（加藤 二〇二〇、二五－三〇）。成果主義のプロジェクトがローカルな音楽実践の活気を奪ってしまったり、アートが社会的矛盾を覆い隠す道具として動員されたりすることには、つねに注意を払わなければならない。

図1 ビートルズの横断幕が掲げられたリヴァプールのマシュー・ストリート。デビュー前の彼らが頻繁に出演していたキャヴァーン・クラブのあるこの通りには現在、観光客向けのビートルズ・バーや博物館、ジョン・レノンの銅像などが立ち並ぶ（イギリス・リヴァプールにて。2022年筆者撮影）

　今なお都市計画に多大な影響を与え続ける大著『**アメリカ大都市の死と生**』の著者であるジェイン・ジェイコブスは、都市を理解するうえでもっとも重要な思考習慣のひとつに「一般から個別事象へ、ではなく個別事象から一般へと帰納的に考える」ことを挙げた（ジェイコブス 二〇一〇［一九六一］、四六六）。同じ都市はひとつとしてなく、そこには人びとの多様な生活がある。都市は外部へ向けてつねに開かれており、変化を続けている。「シティ」の音楽を解き明かそうとするならば、ステレオタイプに囚われることなく、いまそこにある都市の姿を丹念に観察することから始めるのがよいだろう。

加藤賢

参考文献

- 加藤賢（二〇二〇）「渋谷に召還される〈渋谷系〉――ポピュラー音楽におけるローカリティの構築と変容」、『ポピュラー音楽研究』第二四巻、一七―三四頁
- 金本良嗣・藤原徹（二〇一六）『都市経済学［第2版］』東洋経済新報社
- ジェイコブス、ジェイン（二〇一〇［一九六一］）『アメリカ大都市の死と生』山形浩生訳、鹿島出版会
- ソメ、モーリッツ・加藤賢（二〇二二）「〈再発見〉はどこから来たか？――海外シティポップ・ファンダムのルーツと現在地」、柴崎裕二編『シティポップとは何か』河出書房新社、二五三―二八二頁
- ニーガス、キース（二〇〇四［一九九六］）『ポピュラー音楽理論入門』安田昌弘訳、水声社
- 増淵敏之（二〇一〇）『欲望の音楽「趣味」の産業化プロセス』法政大学出版局
- ランドリー、チャールズ（二〇〇三［二〇〇〇］）『創造的都市 都市再生のための道具箱』後藤和子監訳、日本評論社
- ル・コルビュジエ（一九七六［一九四三］）『アテネ憲章』吉阪隆正編訳、鹿島出版会
- ルフェーヴル、アンリ（二〇〇〇［一九七四］）『空間の生産』斎藤日出治訳、青木書店
- ワース、ルイス（二〇一一［一九三八］）「生活様式としてのアーバニズム」、松本康訳、松本康編『都市社会学セレクション第1巻 近代アーバニズム』日本評論社、八九―一一五頁
- Baker, J. Andrea (2019) *The Great Music City: Exploring Music, Space and Identity*, Palgrave Macmillan.
- Cohen, Sara (2007) *Decline, Renewal and the City in Popular Music Culture: Beyond the Beatles*, Ashgate.
- Connell, John and Gibson, Chris (2002) *Sound Tracks Popular Music Identity and Place*, Routledge.
- Stahl, Geoff (2022) "Music, Space, Place and Non-place," in Geoff Stahl and J. Mark Percival (eds.) *The Bloomsbury Handbook of Popular Music, Space and Place*, Bloomsbury Publishing.
- Straw, Will (1991) "Systems of Articulation, Logics of Change: Communities and Scenes in Popular Music," in *Cultural Studies*, Vol.5 Issue.3, pp. 368–388.

第3部—7

アジア

Asia

キーワード KEYWORD

ワールドミュージック、シティポップ、都会派ポップ、インドネシア、他者、西洋、非西洋、中村とうよう、エキゾチシズム、オリエンタリズム、ダンドゥット、日本、洋楽、ポップ・クレアティフ

二〇一〇年代半ば以降、都会的で洗練された日本の**シティポップ**が、世界的な人気となっている。とくにアジアはシティポップ・ブームの火付け役として注目を浴びている。二〇二二年に出版された『アジア都市音楽ディスクガイド』はそうしたアジアにおけるシティポップ・ブームの流れを汲んでいる。同書は、アジアの音楽を「**ワールドミュージック**」という括りではなく、**洋楽**志向の洗練されたポップスとして取りあげた初めての本だと謳っている（菅原＋パンス 二〇二二、Ⅲ）。一九八〇年後半のワールドミュージック・ブーム、そして二〇一〇年後半のシティポップ・ブーム、この約三〇年間に、日本における「アジア」の表象はポピュラー音楽においていかに変化してきたのか。

日本とアジア——ワールドミュージックとシティポップ

明治期以降、アジアは、日本とは異なる「遅れた／劣った**他者**」、「差異化すべき他者」として表象さ

れてきた。しかし、一九八〇年代後半、非西洋圏のさまざまな音楽を評価するワールドミュージックの時代が訪れると状況は変化する。**非西洋**＝アジアは、劣った他者ではなく、むしろ魅力的で素晴らしい音楽で溢れているという思考がリスナーや評論家たちに浸透する。

中村とうようなどワールドミュージックの評論家たちは、当時の言い方でいうと「第三世界」の「発展途上国」の音楽、とくに第三世界の盟主である多民族国家**インドネシア**の音楽に取り憑かれた。彼らはポピュラー音楽の西洋中心史観に対抗して、アジアを含む非西洋音楽を称揚した。とくに中村とうようはアジアの音楽が本質的にもつ雑種性、庶民性、土着性、下層性といった「俗っぽさ」に価値を見出した（中村 一九九九）。

インドネシアの場合は、マレー音楽にインド映画音楽、アラブ音楽、そしてロックを混淆した**ダンドゥット**が庶民的な雑種音楽として、日本国内でも盛んに紹介された。そこには当然**エキゾチシズム**（異国趣味）が頭を擡《もた》げるわけだが、少なくとも彼らにとってアジアは「差異化すべき他者」から魅力溢れる「気になる他者」に変容している（阿部 二〇〇二）。ただし、多民族・多宗教・多言語地域である東南アジアのエキゾチックな音楽に「日本にはない素晴らしきもの」として評価するそのメンタリティには、**オリエンタリズム**の眼差しが少なからず内包されている［↓1-4 コロニアリズム／ポストコロニアリズム］。

一方で、ワールドミュージックの文脈からこぼれ落ちる音楽も少なくなかった。端的に言えば、それは「西洋的なもの」である。ワールドミュージックを意味づけた決定版でもある『非西欧世界のポピュラー音楽』（一九九二［一九八八］）はアジアを含む非西洋の音楽ジャンルを網羅的に紹介している（ちなみに日本語版の表紙は「ダンドゥットの王」ロマ・イラマ）。にもかかわらず、著者ピーター・マニュエルは、インドネシアの都会的なポップ・ミュージックに関しては「非西欧的要素が希薄である以上、ここでは表面的な要約に留めざるを得ない」（マニュエル一九九二［一九八八］、四九五）と興味がない。一九八〇年代に流行したインドネシアの「シティポップ」的なるものは西洋的すぎる、裏を返せば、雑種性や土着性といったエキゾチシズムに欠け、それはワールドミュージックの文脈では評価の外部に置かれる。

日本からアジアへ?——シティポップと都会派ポップ

このような評価は、二〇一〇年代後半以降のシティポップ・ブームとは隔世の感がある。

現代のシティポップ・ブームはかつてのワールドミュージック時代のエキゾチシズムに対して距離をとっているように見える。洋楽志向の洗練された「シティポップ」が日本だけでなくアジア各地で同時進行的に流行している（していた）という事実を客観的にとらえているのだ。こうした考え方は、アジアはもはや「差異化すべき他者」というよりは、いまや流行音楽をリアルタイムかつグローバルに受容・実践する「想像の共同体」（アンダーソン 一九八七［一九八三］）であると考えることも可能かもしれない。

アジアにおける「シティポップ」の流行には二つの側面がある。ひとつは、竹内まりやの歌のカヴァーや、山下達郎に影響を受けた楽曲など、日本産シティポップがアジアに波及しているという側面。もうひとつは、そもそもアジアでは各国・各都市に独自の「**都会派ポップ**」なるものが歴史的に発展してきたという側面である［↓3-6シティ］。

「〇〇（国名）のシティポップ」というカテゴライズにはこの両面が混在している。ただし、たとえばインドネシアの一般リスナーに「シティポップ」という言葉はあまり通用しない。インドネシア国内で流行している「シティポップ」（と日本人が呼ぶもの）のなかには、日本産シティポップだけではなく、国内で制作された「都会派ポップ」が含まれている。重要なのは、自国の過去の音楽を継承する「都会派ポップ」が、日本産シティポップ（およびそれに影響を受けた音楽）以上に流行しており、それは日本産シティポップの世界的流行とパラレルな現象として生じているということだ。

インドネシアは、日本同様、一九七〇年代半ば頃から洋楽志向の洗練されたポップが首都を中心に生まれ、一九八〇年代以降、それが「**ポップ・クレアティフ**（創造的ポップ）」として都市中間層のインテリたちの間で人気を呼んだ［**図1**］。日本のシティポップもアジアの都会派ポップも「英米のコンテンポラリーなブラック・ミュージックやAORなどのテクスチャーを持った、各都市の中産階級による／に向けた『グローカルな』音楽」（柴崎祐二）（菅原＋パンス二〇二二、一八九）という共通項があり、ポップ・クレアティフは日本のニューミュージックと同様に、旧来的な主流の歌謡曲と差異化した新たなポップスとして登場した（金二〇二〇）。

さらに、二〇〇〇年代半ば以降、インドネシアの新世代ミュージシャンたちが、八〇年代ポップ・クレアティフなど過去の自国の音楽を、自らの表現のルーツとして再評価し、実践に取り入れていくようになる。その結果として生まれたものが（結果的に）「シティポップ的な」テイストとなっている。すなわち、日本からの影響、シティポップの影響というのは相対的なものであって、それが唯一の参照点ではない。これはインドネシアに限ったことではなく、

図1　1980年にインドネシアでヒットしたポップ・クレアティフ・アルバム、ファリスRM『サクラ』

韓国やアジア各国でも同様のことがいえる（菅原＋パンス二〇二二、七五、柴崎二〇二二、二九一）。

このような背景を考えれば、日本の影響を絶対視するのではなく、各国・各都市それぞれの都会派ポップ形成史の軌跡を丁寧に掘り起こしていく作業が求められる（金二〇二〇）。アジアにも、日本と同じように、洋楽を取り入れ、各国・各都市のローカルな文化を反映させながら、「洗練」を追求しようと試行錯誤・創意工夫してきた歴史があり、世界のポップミュージックの潮流と並走していたという事実を見過ごしてはならない（菅原＋パンス二〇二二、Ⅲ）。

にもかかわらず、二〇一〇年代以降の日本メディアにおける「アジア」表象は、「日本スゴイ」などの自国中心的なシティポップ観に引きずられている（柴崎二〇二二、二三九）。日本の文化的威信を高めるために、韓国やインドネシアのリスナーに「日本のシティポップの魅力を語ってもらう」という上から目線が少なくない。これはワールドミュージック時代とは異なる他者像だ。もはや「都合の良い他者」としてアジアが表象＝利用されているというのは言い過ぎだろうか。

金悠進

参考文献

● 阿部潔（二〇〇一）『彷徨えるナショナリズム――オリエンタリズム／ジャパン／グローバリゼーション』世界思想社

● アンダーソン、ベネディクト（一九八七［一九八三］）『想像の共同体――ナショナリズムの起源と流行』白石隆＋白石さや訳、リブロポート

● 金悠進（二〇二〇）「「シティポップ」なきポップス――ジャカルタ都会派音楽の実像」、『ポピュラー音楽研究』第二四号、三五―五一頁

● 柴崎祐二編（二〇二二）『シティポップとは何か』河出書房新社

● 菅原慎一＋パンス監修（二〇二二）『アジア都市音楽ディスクガイド』DU BOOKS

● 中村とうよう（一九九九）『ポピュラー音楽の世紀』岩波書店

● ピーター・マニュエル（一九九二［一九八八］）『非西欧世界のポピュラー音楽』中村とうよう訳、ミュージック・マガジン

第3部―8 Programming

プログラミング

キーワード KEYWORD
コンピューター、ソフトウェア、MUSIC、Max、UGen、ユーザー、分業、ライヴコーディング、ミュージッキング、インフラストラクチャ

音楽制作のなかで、生演奏でないパートを**コンピューター**で打ち込む作業を「**プログラミング**」と呼ぶことがある。しかし今日単にプログラミングと言えば、専用の人工言語を用いてコンピューター上のプログラムを構成する作業を指す方が一般的だ。二つの語用の間にはシーケンサのようなシステムを使う作業と、ソフトウェアというシステム自体を作る作業という違いがある。今日、コンピューターを少しも介さず音楽の演奏や配信を行うことはもはや不可能だ。ならば、一般的な意味でのプログラミングも音楽と切り離すことはできない。そこで本項では、ポピュラー音楽実践のなかに現れるプログラミングという作業の位置づけを歴史的観点から整理する[↓1-2テクノロジー、1-8デジタル]。

音楽プログラミングはいつ誕生したか

歴史的に、コンピューターが大学や研究所で発展してきた一九六〇年代までは、そもそもコンピューターを使うこととプログラムを作ることは同義だっ

た。むしろ、パーソナル・コンピューティングという概念自体が、プログラミングという作業を隠蔽し、使う人／作る人という役割分担を形成してはじめて成立したという見方もできる（Emerson 2014）。この流れは、音楽での利用においても例外ではない。

　世界初のコンピューター音楽システムは一般に、一九五七年にベル研究所で開発された**MUSIC**シリーズとされている（ローズ 二〇〇一［一九九六］）。それ以前にも計算機を用いて音を出す試み自体は多々あり、これはおもにマシンのデバッグ目的で取り付けられていた、回路を流れる電気信号を直接スピーカーに流す機構を逆利用したものだった。その多くの試みは既存のメロディをなぞるだけのものではあったが、なかにはアラン・チューリングが設計したPilot ACEというマシンのように、音響遅延線メモリという音波を媒体に利用する記憶装置の構造を利用して不思議な音楽を生成したというエンジニアの試みも存在する（Doornbusch 2017）。

　それでも一般的にMUSICが世界初のコンピューター音楽システムと認識される理由に、**パルス符号変調（PCM）**を用いてスピーカーから発される音圧信号を直接計算できたことに加え、はじめて作曲家と協働（分業）したことがある。

　MUSICは、①時間軸上に並ぶ音価の配列情報、②オーケストラと呼ばれる波形生成機やフィルタなどの信号処理の基本単位（Unit Generator、以下**UGen**）同士の接続情報、といったデータを記述することで作曲をする。

　ここで言うデータの記述、すなわちプログラミングとは、パンチカードへ打ち込むだけでなく、スコアであれば五線譜、UGenは回路図のような図を紙に手書きすることも含む。それをエンジニアが専用の言語に書き起こし、キーパンチャーでカードに穴を開けることでデータが完成する。このプログラムを読み込ませると、波形データを磁気テープに（数時間掛けて）書き込み、そのテープをDAコンバーターを通し再生することでようやく音を鳴らすことができた。

　ここで、スコアの記述に関しては計算機の構造を知らない作曲家でも取り組めたという点がそれまでのコンピューターで音を出す試みとの大きな違いだった。つまり、奇妙なことにコンピューターを理解しなくても良いことこそが、逆説的にそのシステムを「コンピューター音楽」たらしめたのだ。

コンピューター音楽の普及と分業化

　一九八〇年代以降、パーソナルコンピューターが普及して以降は、リアルタイム処理のための効率化志向も相まって、ＭＵＳＩＣで提起されたUGenモデルはいつしか所与のものとされ、抽象化方法それ自体への模索は消極的になっていった。結果、コンピューター音楽の研究では「**作曲家／システムを使う人／システムを構築する人**」という分業が明確になった。実際、ＭＵＳＩＣの発展系で今日もっともよく使われている音楽プログラミング環境のひとつ、Ｍａｘの基本構造は、その開発元であるパリの国立電子音楽研究所ＩＲＣＡＭの分業体制が埋め込まれたものだと開発者自身が振り返っている（Puckette 2020）。のちの商用音楽ソフトウェアも、たとえば今日広く使われているスタインバーグ社によるプラグイン規格の名前が「ＶＳＴ（Virtual Studio Technology）」であるように、既存の音楽制作のワークフローをシミュレートする形で表れ、ユーザーはそれら与えられた道具をブラックボックスとして利用することが主流になった。

　一方（だからこそ）一九九〇年代以後一部の音楽家は、ブラックボックスを開き、音を生み出す道具をより主体的に作るためのＤＩＹ的実践のひとつとしてプログラミングを用いた。たとえば、音楽家のマーカス・ポップ（Oval）は自らの制作プロセスをOvalprocessというソフトウェアの形で具現化し、

図1　2018年8月にANAGRAで開催されたAlgorave Tokyoでのライヴコーディングを使った筆者（左）の演奏とmoxus(右)による映像生成の様子（撮影：野本直輝）

音楽家が単なるユーザーになることを批判した（ポップ 二〇〇一）。

　また近年では、音を出すプログラムをその場で書き、そのプロセスを観客と共有しながら演奏するライヴコーディングという手法がある。こうした手法は、Algoraveという、クラブやライヴハウスを会場に、ビートを生成するスタイルの音楽を演奏するイベント**【図1】**を中心に広がっている（久保田 二〇二二）。

　こうした動向を、旧来のクラシックから派生した電子音楽に留まらずポピュラー音楽と交わって新しい音楽様式を生み出しているもの、と表することもできるが、それだけでは片手落ちだ。むしろ、演奏しているコードを（たとえ観客がその内容を理解できなくとも）壁に投影して共有したり、演奏に用いるプログラミング言語自体の開発や普及にも加わったりするような、音楽を作るための環境を自分たちの手で作りあげていく態度の方が重要なのだ。

　Spotifyのようなストリーミング・サービスの開発にも当然プログラミングという工程はあり、それ自体が音を鳴らすわけではなくとも長期的には音楽産業の構造や日常的な音楽享受の形態を大きく変えた。それを思えば音を鳴らす／聴くだけに留まらない拡張された音楽実践（**#ミュージッキング**）としてのプログラミングは発展途上というよりも、これまで存在していながら見過ごされてきたのである（Sterne 2014）。

折しも機械学習技術の発展などにより、これまでは考えられなかった精度での音声、音楽の合成が可能になってきた今日、対照的に音楽とは一見遠い内容、とくにインフラストラクチャの形成に関わるプログラミングを音楽実践の一部ととらえる必要性が増している。音楽、あるいはコンピューターを用いるあらゆる表現活動においてプログラミングとは、計算機の機能は自分達の手で主体的に作り替えられる、という事実を思い起こさせるものである。そしてそれは、コンピューターに関わる産業がブラックボックスを生み出し分業体制を築いてきた歴史の、また今日の音楽産業が、ある音楽を生み出すアーティストという人／集団を主役とし、楽器のような道具や環境を整備する人びとを周縁化してきた歴史の批判ともなるのだ。

松浦知也

参考文献

- 久保田晃弘（二〇二一）「私たちはもっとうまくできます——ライヴ・コーディングの起源と意味を再考する」、細川周平編著『音と耳から考える——歴史・身体・テクノロジー』アルテスパブリッシング
- ポップ、マーカス（二〇〇一）「オヴァルプロセス講義——オヴァル的メソッドとその音楽的アプローチ」、バルーチャ・ハシム訳、久保田晃弘監修『ポスト・テクノ（ロジー）ミュージック——拡散する「音楽」、解体する「人間」』大村書店
- ローズ、カーティス（二〇〇一［一九九六］）『コンピュータ音楽——歴史・テクノロジー・アート』青柳竜也＋小阪直敏＋平田圭二＋堀内靖雄＋後藤真孝＋引地孝文＋平野砂峰旅＋松島俊明訳、東京電機大学出版局
- Doornbusch, Paul (2017) "Early Computer Music Experiments in Australia and England," *Organised Sound*, vol.22, no.2: pp. 297–307.
- Emerson, Roli (2014) *Reading Writing Interfaces: From the Digital to the Bookbound*, University of Minnesota Press.
- Reese, Ivan, Miller S. Pucette (2020) "47・Miller Puckette・Max/MSP & Pure Data", *Future of Coding*, https://futureofcoding.org/episodes/047.html（二〇二二年九月六日アクセス）
- Sterne, Jonathan (2014) "There Is No Music Industry," in *Media Industries Journal* vol.1, no.1: pp. 50–55.

第3部　9

クィア Queer

キーワード KEYWORD

LGBT、性別、ジェンダー、性役割、脱構築、セクシュアリティ、アイデンティティ、流動性、柔軟性、パフォーマンス、ヴィジュアル系、ファン行動、ペルソナ

「クィア（queer）」という概念は、近年SOGI（Sexual Orientation and Gender Identity、性的志向と性自認）に関する知識が一般化し、LGBTが可視化されるなかでも、著しく不在であり（Fotache 2019）、学術的な場面で使われていても（Maree 2014）、一般的にそこまで多く使われてはいない（Dale 2012）。「クィア」はLGBTに比べてきわめて曖昧ではっきり説明しにくい概念であり、比較的把握しにくいかもしれない。クィアという概念は定義されることを否定する概念である（Jagose 1996, 3, 99）。なぜなら、クィアの根本的な意味はすでに社会に固定されている概念を乱すためであるからだ。だが、あえて定義するのであれば、クィアは「性別」、「ジェンダー」、「性役割」とそれらの概念をつないでいる社会通念の不安定性、不自然性を示すために存在する概念である［↓1－6ジェンダー／セクシュアリティ］。

さらにアンナマリー・ジャゴスによると、「クィア」は基本的に性的関心の矛盾、不安定化、「脱構築」に集中する概念であり、とくに、性、ジェンダー、性的欲望の間の関係性が不安定であることを強

調する（Jagose 1996, 3）。「クィア」の概念は、「集団的なカテゴリー」（たとえばジェンダーやセクシュアリティとそれに関連するアイデンティティ）を「曖昧にし、脱構築し、不安定にさせる」（Gamson 1995, 402）。つまり「クィア」という概念は、私たちが（無意識でも）当然のものと思い込んでいるカテゴリーやアイデンティティの分け方や役割の固有の「**流動性**」、「**柔軟性**」そして「**構築性**」を示す目的を持つのである（学術的な場以外の英米語では、クィアは異性愛規範に合わなかったり、その否定をしたりする人物やその行動を示す総称として使われることもある（Clifford-Napoleone2015, 3–4））。

ヴィジュアル系における「クィア」

ポピュラー音楽研究においては、おもに二つの方法で「クィア」の概念が研究に用いられてきた。ひとつは、「クィア」の範囲内で解釈できる（異性愛規範以外、またはシスジェンダーではない）パフォーマーやファンを研究することで（たとえばWhiteley and Rycenga 2006, Taylor 2012, Clifford-Napoleone 2015など）、もうひとつはポピュラー音楽とその**パフォーマンス**をクィアな観点として論じることである（たとえばHawkins 2016, Fast and Jennex 2019など）。だが、「クィア」という概念自体が非常に曖昧だからこそ、このような分け方も否定されてしまうケースが少なくはないことに留意されたい。

後者の「パフォーマンスの解釈」の例として、ここでは八〇年代後半から九〇年代前半に生まれた「**ヴィジュアル系**」が挙げられる。ヴィジュアル系というと「派手なメイク、髪型、衣装をしている男性パフォーマー」というイメージが思い浮かぶだろう。また、その外見だけでなく**ファン行動**（Johnson 2019）や音楽性など、これよりさらに幅広いさまざまな研究の焦点があるが、本項ではヴィジュアル系のパフォーマーとそのパフォーマンスに絞る。

図1 Femme Fatale『GLADSHEIM -NOIR-』(2014)。「クィア」解釈ができるヴィジュアル系パフォーマンスの一例。Femme Fataleのパフォーマーは全員男性だが、写真中央のヴォーカル「Kaya」は女形パフォーマー

ヴィジュアル系のパフォーマーは、その誕生から現代にいたるまでクィアな振る舞いを構築し、パフォーマンスをしてきている。この振る舞いは、パフォーマーの「自分自身の素顔」よりも、演じている「**ペルソナ**」として解釈するべきである（Auslander 2004）。男がメイクをしてスカートやヒールを履いてステージに立って、自分のダークな感情について激しく悲鳴をあげる、ヴィジュアル系のパフォーマーのペルソナは覇権的な日本の男性性には適合しない【**図1**】。つまり、彼らは、日本で一般的に「当たり前」だと考えられているジェンダー表現とセクシュアリティのアイデアを矛盾させている（Johnson 2020, 121）ため、クィアな解釈によって、既存の規範に介入する研究なのである。

ヴィジュアル系の振る舞いは、例外もあるが、LGBT等のはっきりしたアイデンティティや政治活動等を通して構築しているものよりも曖昧である。そのうえ、パフォーマーがわざと「クィア」な目的で行動しているという判断もわれわれはできない。しかしながら、このパフォーマンスは、その意思がなくても、われわれが当然のものと思い込んでいる性的カテゴリーを女装やホモエロチシズム等の振る舞いで混乱させ、その混乱のなかで戯れている。そのため、「クィア」という解釈が適切であろう。ヴィジュアル系のクィア解釈はクィア研究とポピュラー音楽研究に、「曖昧性のあるスペースがあるという可能性を提供し」、そして「流動的で遊戯的であるクィア表現と、その表現が正常なジェンダーとセクシュアリティに対して提示する批判精神」を抱か

せる例となるのだ（Johnson 2020, 121）。

結論として、ヴィジュアル系のパフォーマンスは、LGBTのなかのアイデンティティに属していないからこそ、クィア解釈によって、日本社会が当然のものと思っているジェンダーやセクシュアリティ固定を破壊し、日常的な生活や生き方の可能性を拡張すると言える（Johnson 2020, 135）。それは、「流動的で、柔軟性のある、明示的に分離されていないアイデンティティ」を有するからこそ、日本に定着している「異性愛・同性愛規範に基づいた」理想や常識の「不安定化に役立つ」ものなのだ（Johnson 2020, 121）。以上のようなヴィジュアル系の分析のように、「クィア」を利用したポピュラー音楽研究が日本社会の根本を分析し、批判することが可能になる。

最後に、あらためて押さえておきたいのは、「クィア」は曖昧な概念として成立したもので、「ポストモダニズム」と似たように、おもに「脱構築」をするための概念であるということだ。つまり、なにかを研究するうえでクィア理論だけを利用しても、グループ、アイデンティティ、そして意味自体を脱構築し、不安定化し、そして結局はそれらを破壊してしまうことしかできない。私たちが生きている人生で、それがもちろん意味がないというわけではない。人びとが把握している意味、アイデンティティ、グループはすでに存在している。しかし、その事実を把握するためには「クィアであること」を超えていく必要がある。単に脱構築をするにしてもそれによって何が起こるのか、状況はどう変わるか、一般的な人びとへはどのような影響があるか、このような問いにも向き合わなければならない。

そのため、クィアは単独の概念として使用することに向いていない。脱構築をしてから、何かを新しく構成しなければ、ただそれだけで終わるからだ。個人的な意見になるが、クィア理論とは性的関心の「当たり前」に疑問を持たせ、他の枠組みに進む準備をするための道具として使用するものである。ポピュラー音楽研究だけではなく、何かを研究する際にはこのようであるべきだと提案したい。

ジョンソン・エイドリエン・レネー

参考文献

- Auslander, Philip (2004) "Performance Analysis and Popular Music: A Manifesto," in *Contemporary Theatre Review* 14 (1): pp. 1-13. https://doi.org/10.1080/1026716032000128674
- Clifford-Napoleone, Amber R. (2015) *Queerness in Heavy Metal Music: Metal Bent*, Routledge.
- Dale, S. P. F. (2012) "An Introduction to X-Jendā: Examining a New Gender Identity in Japanm," in *Intersections: Gender and Sexuality in Asia and the Pacific*, no. 31 (December). http://intersections.anu.edu.au/issue31/dale.htm.
- Fotache, Ioana (2019) "Japanese 'LGBT Boom' Discourse and its Discontents," in Caroline Cottet and Manuela L. Picq, Bristol (eds.), *Sexuality and Translation in World Politics*, E-International Relations Publishing: pp. 27–41.
- Gamson, Joshua (1995) "Must Identity Movements Self-Destruct? A Queer Dilemma," in *Social Problems* 42 (3): pp. 390–407. https://doi.org/10.2307/3096854.
- Hawkins, Stan (2016) *Queerness in Pop Music: Aesthetics, Gender Norms, and Temporality*, Routledge.
- Jagose, Annamarie (1996) *Queer Theory: An Introduction*, New York University Press.
- Jennex, Craig, and Susan Fast (eds.) (2019) *Popular Music and the Politics of Hope: Queer and Feminist Interventions*, Routledge.
- Johnson, Adrienne R. (2019) "From Shōjo to Bangya(ru): Women and Visual Kei," in *Shjo Across Media: Exploring "Girl" Practices in Contemporary Japan*, Palgrave Macmillan: pp. 303–329.
- Johnson, Adrienne R. (2020) "Josō or "gender free"? Playfully queer "lives" in visual kei," in *Asian Anthropology* 19 (2): pp. 119–142. https://doi.org/10.1080/1683478X.2020.1756076.
- Lee, Gavin (2019) "Queer Music Theory," in *Music Theory Spectrum* 42 (1): pp. 143–153.
- Maree, Claire (2014) "Queer Women's Culture and History in Japan." in Mark McLelland and Vera Mackie (eds.) *The Routledge Handbook of Sexuality Studies in East Asia*, Routledge: pp. 230–243.
- Taylor, Jodie (2012) *Playing it Queer: Popular Music, Identity and Queer World-making*, Peter Lang.
- Whiteley, Sheila, and Jennifer Rycenga (eds.) (2006) *Queering the Popular Pitch*, Routledge.

第3部—10 Amateurism

アマチュアリズム

キーワード KEYWORD
アマチュア、プロフェッショナル、営利目的、スキル、他者の期待、インターネット、ウェブ2・0、YouTube、ニコニコ動画、オンライン・プラットフォーム、ボーカロイド、初音ミク、歌い手、歌ってみた、コラボレーション、YouTuber、職業

アマチュアの原点と変遷

アマチュア（amateur）という言葉は、ラテン語のamator（アマートル、愛する人）が語源であり、アマチュアリズム（amateurism）とは、金銭や仕事、利益を目的とせず、楽しさや喜びのために、スポーツなどに参加することを意味する。これと対照的に**プロフェッショナル**（professional）という言葉は、professioというラテン語をルーツとする「公開宣言（宗教用語で「神への宣誓」の意）」という意味であり、専門的な知識を持ち、それを生業としていることを意味する。ここで重要となるキーワードは、「**営利目的**」および「**スキル**」である。歴史を遡ると下級国民が同じスポーツ大会に参加することを防ぐため、上級国民が営利目的かどうかという基準として設けたものである。

音楽界においては、営利目的であるかどうかのほかに、とくにアマチュア音楽家は音楽を愛しており、音楽をすることで幸福を得られ、ほとんどの場合は、音楽活動の良し悪しの基準は（他者でなく）自分が

決め、自分で目標（ゴール）を設定する。一方のプロフェッショナル音楽家は、オーディエンスや雇用主が求める基準を満たす能力、つまり**他者の期待**に超えるスキルが必要となる（Kratus 2019, 32）。

アマチュア（以下、アマ）とプロフェッショナル（以下、プロ）の一般的な区別は、長らく上記の「営利目的」と「スキル」の二つを基準として認識されてきた［↓1-3 コマーシャリズム／キャピタリズム］。しかし、一九八〇年代以降のＭＩＤＩとＤＴＭ（デスクトップ・ミュージック）の技術の発展は、個人が自作曲を作り、パソコン通信や同人誌即売会などを通してオンラインとオフライン双方のコミュニティ内で音源を配布することを可能にし、「同人音楽」というジャンルも始まった（井手口二〇一二）。

また、一九九〇年代末からは、**インターネット**、**ウェブ2・0**、および**ソーシャルメディア**が著しく発展することにより、音楽界も大きな影響を受けた。とくに、テレビ放送の音楽番組の枠やライヴハウスでの演奏など、それまで発表機会が限られていた空間と時間に比べ、**YouTube**や**ニコニコ動画**のような**オンライン・プラットフォーム**は比較的に制限が少ない。簡単な設備と投稿の基礎知識さえあれば誰もが自分の作品を投稿することができる。それによって、プロ・アマを問わず、簡単に自作曲を発表し、他人と交流できる「場」が誕生した［↓1-8 デジタル］。

さらに日本において、これらの変化を加速させたのは、ヤマハが開発した音声合成技術、**ボーカロイド**2を採用し、クリプトン・フューチャー・メディア社から二〇〇七年八月三一日に発売された音声合成・ＤＴＭソフトウェアおよびキャラクターの「**初音ミク**」である。この商品は非常に人気を集め、作り手のボーカロイド・プロデューサー（以下、ボカロＰ）が次々と初音ミクを使った曲をインターネット上に投稿していった。当時は、場も技術も揃っている状況であった。つまり、これまで発表機会によってはっきり示されていたアマとプロの境目は徐々に見えなくなったのである。

本項では、こうした新しい発表の「場」の中心のひとつであった、ニコニコ動画における**歌い手**という日本の特徴的な文化を事例として取りあげ、現在の新しいポピュラー音楽とアマチュアの関係性について論じたい。

「歌ってみた」と「アマチュア」

ニコニコ動画の歌い手とは、ニコニコ動画サイト内の「**歌ってみた**」というカテゴリーに自分の歌声を投稿している人びとを指す。おもにアニメ・ソングやゲーム・ソング、ニコニコ動画内で発表されたボーカロイド・オリジナルの曲をカヴァーし、投稿する。また、動画を作る過程には二つのタイプがあることを指摘できる（石川二〇二二）。一つ目は、他ユーザーが投稿した動画を「借りる」ことである。例としては、ボカロPが投稿したボーカロイド曲オリジナル動画をそのまま借り、ボーカロイドの代わりに自分の歌声を入れる。二つ目は、他のユーザーと一緒に動画を作ることである。他の歌い手をはじめ、ミックス師や絵師、動画師、エンコード師などと呼ばれる専門知識を持っているユーザーと**コラボレーション**をし、それぞれの能力を生かし、動画を作りあげる。このようなユーザー間の共同作業は、ソロやリアルの友達と一緒に作る作品が多いYouTubeとは異なり、日本独特の同人（同好の士）文化からの影響といえる。

さらに、歌い手は動画投稿以外もオンラインとオフラインにおいてさまざまな活動をしていた。たとえば、ニコニコ生放送、ゲーム実況、ニコニコ動画超会議やライヴハウスでのコンサート、歌い手テーマカフェ、誕生日会、舞台出演、グッズ販売、同人誌即売会へのサークル参加などである［**図1**］。歌い手のなかから人気になった人は、プロ歌手（インディーズ／メジャー・デビュー）になることもある。

図1 nero project『monochrome』（2013）の発売を記念して歌い手のneroが行った握手会の様子（開演前）。当日は握手会のほか、トーク、ライヴも実施。開始する前からすでにたくさんのファンが待っていた（アニメイト池袋店にて。2013年筆者撮影）

では、プロ・デビューする前の歌い手はアマなのだろうか、それともプロなのだろうか。前述のキーワードである「スキル」および「営利目的」から検討してみよう。まず、人気の歌い手はソロでもライヴ・コンサートを実施でき、歌う能力はリスナーにとって基準を満たしていると考えられる。では、営利目的の是非はどうであろうか。筆者による研究調査およびインタヴューによると、二〇一〇年以降、歌い手として生計を立てている人はいることがわかっている（Vinitphol 2020）。

とすると人気の歌い手＝プロといえるのだろうか。もちろん、それほど単純な話ではない。少なくともニコニコ動画黎明期の二〇〇七年から二〇一〇年代はじめまでは、ニコニコ動画の歌い手は自分の作品を投稿し、コメントをもらい、「表現すること」が重視されていた。むしろ、現在のYouTubeのように、有名になりたい・稼ぎたいという欲望を全面的に出すことはタブー視されていたのである。非営利目的で表現することを重視する、すなわち、アマの概念に一致していた。そのため、当時は歌い手＝アマとする認識がかなり強く、それによって、歌い手を非難する目的で「プロではない」等の言葉がインターネット上でよく見られた。

二〇一〇年代半ばになると、まふまふ、そらるなどニコニコ動画発で次々とプロデビューしていった人気の歌い手たちが登場した。彼らを分析すると、歌い手から卒業して別名で活躍する人や、歌い手であったことをプロフィールで言及しない人も一部いるが、歌い手をひとつのアイデンティティとしてそのまま継続する人もいることがわかる。前者は歌い手=アマという考えが強い反面、後者は歌い手をアマチュアではないと考えているのであろう。

近年、ニコニコ動画の歌い手が活動の場をYouTubeに移行し、「YouTuber」として活躍する人も多くみられるようになった。YouTubeはニコニコ動画と異なり、営利目的・人気になりたいと表明しても、プラットフォームの文化と一致しているため批判する人はあまり見られない。また、YouTuberはプロ・デビューしなくても、広告やサブスクリプション、スーパーチャットなどで生計を立てることが可能で、そのような場合、歌のスキルも十分に持っている。

ここで、ニコニコ動画の歌い手に対する疑問がふたたび浮上する。「人気の歌い手YouTuber」はアマなのだろうか、それともプロなのだろうか。筆者は二つの基準を満たせば「プロ」だと考える。しかしながら、近年はソーシャルメディアの気軽さから「アマプロ」や「セミプロ」という中間層も生まれやすくなった。とりわけ、YouTuberの場合、職業ではなく趣味としてやっているが、人気になり大きな収入源になった場合、意思を問わず「プロ」と呼ばれる傾向がある。一方で、**職業**という認識で行っているが、生業として成り立たない場合は、「アマチュア」や「アマプロ」と呼ばれる場合が多い。その結果、近年ソーシャルメディアにおけるプロとアマを区別する判断基準は「生計を立てられるか」のみに移りつつある。このようにアマチュアリズムは、時代とともに変遷してきた。とりわけ、ポピュラー音楽においては、メディアのみならず、これまで作られてきた各国の文化も影響している。

境目が曖昧になりつつあるのに、なぜプロとアマの区分がまだ存在しているのであろうか。それは冒頭に記述したように、プロは「他人」が求めた基準に応えるのに対し、アマは「自分」で目標を決めるからであり、そして、決められた枠組みに縛られず、アマチュアの概念が持っている「自由」に、音楽業界をはじめ創作活動をより発展させていく力があるからである。

ヴィニットポン ルジラット（石川ルジラット）

参考文献

- 石川ルジラット（二〇二二）「参加型創作文化の形成と発展」、『ジャパニーズ・ポップカルチャーのマーケティング戦略』川又啓子＋三浦俊彦＋田嶋規雄編著、千倉書房、四一－六二頁
- 井手口彰典（二〇一二）『同人音楽とその周辺――新世紀の振源をめぐる技術・制度・概念』青弓社
- 内海和雄（一九八七）「アマチュアリズムの終焉――個人主義の崩壊から公共性の」、『一橋大学研究年報　人文科学研究』二六、一二三－一七三頁
- 内海和雄（二〇〇六）「アマチュアリズム論――差別なきスポーツ理念の探求」、『一橋大学スポーツ研究』二五、二七－三二頁
- Baym, Nancy K., and Robert Burnett (2009) "Amateur experts: International fan labour in Swedish independent music," *International journal of cultural studies*, 12 (5): pp. 433–449.
- Cottrell, Sean (2013) "Amateurism and anti-doping: a cautionary tale," *LawInSport* https://www.lawinsport.com/topics/features/item/amateurism-and-anti-doping-a-cautionary-tale（二〇二二年八月六日アクセス）
- Kratus, John (2019) "A Return to Amateurism in Music Education" *Music Educators Journal*, 106 (1): pp. 31–37. https://doi.org /10.1177/0027432119856870
- Prior, Nick (2010) "The Rise of the New Amateurs: Popular Music, Digital Technology and the Fate of Cultural Production," in Jhon R. Hall, Laura Grindstaff, and Mie-cheng M. Lo (Eds.), *Handbook of Cultural Sociology*, Routledge: pp. 398–407.
- Stebbins, Robert A. (1977) "The amateur: Two sociological definitions," *Pacific Sociological Review*, 20 (4): pp. 582–606.
- Vinitphol, Rujirat (2020) *Niconico Utaite: Research on Creative Culture in Japanese Social Media* (Doctoral dissertation), The University of Tokyo.

編者・執筆者プロフィール（50音順）

永冨真梨（ながとみ・まり）
関西大学社会学部メディア専攻助教。専門はアメリカ文化史・ポピュラー音楽・越境。共著書に『ポップ・ミュージックを語る10の視点』（アルテスパブリッシング、二〇二〇）、論文に「「黒い」音と「白い」音を再考する――「南部の音」を創った『ニューミュージック・マガジン』の記事を事例として」（『ポピュラー音楽研究』二四巻、二〇二一）など。京都のカントリー音楽ライブハウス、ケニーズにて永冨研二とテネシーファイブとの毎週土曜日のライブを主軸に、現在でも歌手活動と音楽制作を行う。

忠聡太（ちゅう・そうた）
福岡女学院大学人文学部メディア・コミュニケーション学科専任講師。専門は近現代文化史、ポピュラー音楽研究。共著に『アフターミュージッキング――実践する音楽』（東京藝術大学出版会、二〇一七）、『私たちは洋楽とどう向き合ってきたのか――日本ポピュラー音楽の洋楽受容史』（花伝社、二〇一九）など。素朴な再生産技術を駆使したワークショップなどの実践にも取り組む。

日高良祐（ひだか・りょうすけ）
東京都立大学システムデザイン学部インダストリアルアート学科助教。専門はメディア研究、ポピュラー音楽研究。分担執筆に『ポストメディア・セオリーズ――メディア研究の新展開』（ミネルヴァ書房、二〇二一）、『技術と文化のメディア論』（ナカニシヤ出版、二〇二一）など。おもに九〇年代のデジタル・メディア技術を調査、最近はMiniDisc機材をヤフオク／メルカリで渉猟中。

＊

有國明弘（ありくに・あきひろ）
大阪市立大学大学院文学研究科後期博士課程／大学等非常勤講師。専門は社会学、文化研究。論文に「学校で踊る若者は『不良』か？――ストリートダンスはどのようにして学校文化に定着したか」（『新社会学研究』第五号、新曜社、二〇二一）、分担執筆に『ふれる社会学』（二〇一九）、『ガールズ・メディア・スタディーズ』（二〇二一、ともに北樹出版）、『クリティカル・ワードファッションスタディーズ』（フィルムアート社、二〇二一）など。

ヴィニットポン ルジラット（石川ルジラット）
青山学院大学総合文化政策学部助教。タイ、チュラロンコン大学コミュニケーション・アーツ学部首席卒業。東京大学大学院情報学環・学際情報学府で修士号(二〇一〇年)、博士号(二〇二〇年)取得。専門はカルチュラル・スタディーズ、ソーシャルメディア研究。共著に『ジャパニーズ・ポップカルチャーのマーケティング戦略』(千倉書房、二〇二二)がある。

大嶌徹(おおしま・てつ)
玉川大学リベラルアーツ学部講師。専門は音楽学・ポピュラー音楽研究。論文に「飲食店が「文化」を守る――コロナ禍の文化助成に対する中小規模音楽施設の適応について」(『玉川大学リベアラルアーツ学部紀要』一六号、二〇二三)、「対抗文化的連帯にもとづく音楽フェスティバルの再考――1977年「ローリング・ココナッツ・レヴュー・ジャパン」における国際交流を例に」(『玉川大学リベアラルアーツ学部紀要』一三号、二〇二〇)など。

大尾侑子(おおび・ゆうこ)
東京経済大学コミュニケーション学部准教授。専門は歴史社会学、メディア史、ファン研究。著書に『地下出版のメディア史――エロ・グロ、珍書屋、教養主義』(慶應義塾大学出版会、二〇二二)。ファン研究には「デジタル・ファンダム研究の射程――非物質的労働と時間感覚にみる「フルタイム・ファンダム」」(『ポストメディア・セオリーズ――メディア研究の新展開』ミネルヴァ書房、二〇二一)など。

大和田俊之(おおわだ・としゆき)
慶應義塾大学法学部教授。専門はアメリカ文化、ポピュラー音楽研究。著書に『アメリカ音楽史』(講談社、二〇一一)、『アメリカ音楽の新しい地図』(筑摩書房、二〇二一)、編著に『ポップ・ミュージックを語る10の視点』(アルテスパブリッシング、二〇二〇)、長谷川町蔵との共著に『文化系のためのヒップホップ入門』1~3(アルテスパブリッシング)など。

尾鼻崇(おばな・たかし)
大阪国際工科専門職大学准教授。専門は音楽学、ゲーム研究など。単著に『映画音楽からゲームオーディオへ』(晃洋書房、二〇一六)、共著に『デジタル・ヒューマニティーズ研究とWeb技術』(ナカニシヤ出版、二〇一二)、『文化情報学事典』(勉誠出版、二〇一九)など。ゲーム音楽展「Ludo-Musica」のキュレーターを担当。

葛西周(かさい・あまね)
早稲田大学高等研究所講師。専門は日本近現代音楽史。共著に『音と耳から考える――歴史・身体・テクノロジー』(アルテスパブリッシング、二〇二一)、『移動するメディアとプロパガンダ――日中戦争期から戦後にかけての大衆芸術』(勉誠出版、二〇二〇)など。

加藤賢(かとう・けん)
大阪大学文学研究科文化表現論専攻博士後期課程。専門はポピュラー音楽研究、都市社会学、文化政策学。論文に「渋谷に召還される〈渋谷系〉――ポピュラー音楽におけるローカリティの構築と変容」(『ポピュラー音楽研究』二四号、二〇二〇)、共著に『シティポップとは何か』河出書房新社、二〇二二）など。

上岡磨奈（かみおか・まな）
慶應義塾大学大学院社会学研究科後期博士課程単位取得退学／大学等非常勤講師。専攻は文化社会学、カルチュラル・スタディーズ。俳優、アイドル、作詞家などを経て、研究を開始。共著に『アイドルについて葛藤しながら考えてみた』（青弓社、二〇二二）、『アイドル・スタディーズ――研究のための視点、問い、方法』（明石書店、二〇二二）など。

川本聡胤（かわもと・あきつぐ）
フェリス女学院大学音楽学部准教授。専門は音楽理論、特にポピュラー音楽を含む二〇世紀以降の音楽を研究。著書に『J―POPをつくる！』（フェリスブックス、二〇一三）、訳書に『キース・エマーソン自伝』（三修社、二〇一三）、論文に「音楽学的ポピュラー音楽研究（3）――ジャンルとスタイル」（『フェリス女学院大学音楽学部紀要』第一六号、二〇二二）など。

金悠進（きむ・ゆじん）
国立民族学博物館機関研究員。専門は地域研究（インドネシア）。著書に『越境する〈発火点〉――インドネシア・ミュージシャンの表現世界』（風響社、二〇二〇）、『ポピュラー音楽と現代政治――インドネシア自立と依存の文化実践』（京都大学学術出版会、二〇二三）など。

源河亨（げんか・とおる）
九州大学比較社会文化研究院講師。専門は心の哲学、美学。著作に、『悲しい曲の何が悲しいのか――音楽美学と心の哲学』（慶應義塾大学出版会、二〇一九）、『感情の哲学入門講義』（慶應義塾大学出版会、二〇二一）、『「美味しい」とは何か――食からひもとく美学入門』（中央公論新社、二〇二二）など。

篠田ミル（しのだ・みる）
東京大学大学院学際情報学府修士課程修了。専門はメディア論、サウンド・スタディーズ。yahyelのメンバーとしてシンセサイザーを担当。楽曲提供やプロデュース、CMや映画音楽の作曲まで幅広く手がける。また、プロテストレイヴ、D2021といったイベントの企画を通じて社会問題に関する発信も積極的に行う。

ジョンソン・エイドリエン・レネー（Johnson Adrienne Renee）
白百合女子大学文学部講師、東京大学学際情報学府博士後期課程。専門はカルチュラル・スタディーズ・ジェンダー研究。著書に“Josō or “Gender Free”? Playfully Queer “Lives” in Visual Kei.” *Asian Anthropology*. 19: 2, 2020, “Cross-dressing: Kaya” *Japanese Media and Popular Culture* An Open-Access Digital Initiative of the University of Tokyo, 2020 など

谷口文和（たにぐち・ふみかず）
京都精華大学メディア表現学部准教授。専門は音楽学、特に録音技術を用いた音楽表現や音楽実践について研究している。共著に『音響メディア史』（ナカニシヤ出版、二〇一五）、共訳にジョナサン・スターン『聞こえくる過去―音響再生産の文化的起源』（インスクリプト、二〇一五）など。

中條千晴（ちゅうじょう・ちはる）
フランス国立東洋言語文化学院（INALCO）特任講師。専門は文化社会学、ポピュラー音楽とジェンダー。翻訳に『博論日記』（花伝社、二〇二〇）、論文に“Women's movements in Japan in the 1970s : Transgression and Rejection.” *Engendering Transnational Transgressions: From the Intimate to the Global.* Routeledge, 2021、「二一世紀のラブソング――現代日本のポップソングについての一考察」（『現代思想』二〇二一年九月号、青土社、二〇二一）など。

鳥居祐介（とりい・ゆうすけ）
摂南大学国際学部教授。専門はアメリカ研究。論文に“S. I. Hayakawa and the Civil Rights Era.” Onishi and Sakashita eds., *Transpacific Correspondence: Dispatches from Japan's Black Studies,* Palgrave Macmillan, 2019 など。

永井純一（ながい・じゅんいち）
関西国際大学社会学部准教授。博士（社学）。専門は音楽社会学、メディア研究。著書に『ロックフェスの社会学――個人化社会における祝祭をめぐって』（ミネルヴァ書房、二〇一六）、共著に南田勝也編著『私たちは洋楽とどう向き合ってきたのか』（花伝社、二〇一九）、南田勝也＋木島由晶＋永井純一＋小川博司編著『音楽化社会の現在』（新曜社、二〇一九）など。

平石貴士（ひらいし・たかし）
立命館大学産業社会学部非常勤講師。博士（社会学）。専門社会調査士。専門は文化社会学、社会学理論。共著に『コロナ禍のライブをめぐる調査レポート［聴衆・観客編］』（Next Publishing Authors Press、二〇二一）、『表現文化の社会学入門』（ミネルヴァ書房、二〇一九）、共訳にジェフリー・キダー『パルクールと都市　トレイサーのエスノグラフィ』（ミネルヴァ書房、二〇二二）がある。

福永健一（ふくなが・けんいち）
四国学院大学社会学部助教。専門はメディア史、音響メディア論。論文に「ラジオの声の生成史――１９２０年代米国のラジオにおける声の経験についての考察」（『マス・コミュニケーション研究』八七号、二〇一五）など。

藤嶋陽子（ふじしま・ようこ）
明治大学商学部特任講師、理化学研究所革新知能統合研究センター（ＡＩＰ）客員研究員。専門は文化社会学、ファッション研究。編著に『クリティカル・ワード　ファッションスタディーズ』（フィルムアート社、二〇二二）、共著に『ソーシャルメディア・スタディーズ』（北樹出版、二〇二一）など。

増田聡（ますだ・さとし）
大阪公立大学大学院文学研究科教授。専門は音楽学、メディア論、ポピュラー文化論。著書に『その音楽の〈作者〉とは誰か――リミックス・産業・著作権』（みすず書房、二〇〇五）、『聴衆をつくる――音楽批評の解体文法』（青土社、二〇〇六）など。日本ポピュラー音楽学会会長（二〇二三～二〇二四年）。

松浦知也（まつうら・ともや）
東京藝術大学藝術情報センター特任助教。音に関わるメディア・インフラストラクチャ技術を実践を交え批評的にデザインする活動を「音楽土木工学」と称して研究している。音楽プログラミング言語mimiumの設計と開発（二〇一九－）の他、自作電子楽器を用いての演奏活動を継続的に行う。「音楽土木工学を設計する——音楽プログラミング言語mimiumの開発を通じて」（二〇二二）で博士（芸術工学）を取得。

溝尻真也（みぞじり・しんや）
目白大学メディア学部准教授。専門は文化社会学、メディア論。共著に『ビデオのメディア論』（青弓社、二〇二二年）、『スクリーン・スタディーズ——デジタル時代の映像／メディア経験』（東京大学出版会、二〇一九）、『音楽化社会の現在——統計データで読むポピュラー音楽』（新曜社、二〇一九）など。

村田麻里子（むらた・まりこ）
関西大学社会学部教授。専門はメディア論、ミュージアム研究。著書に『思想としてのミュージアム——ものと空間のメディア論』（人文書院、二〇一四）、『ポピュラー文化ミュージアム——文化の収集・共有・消費』（共編著、ミネルヴァ書房、二〇一三）、『多様性との対話』（共著、青弓社、二〇二一）など。

山崎晶（やまさき・あき）
京都文教大学総合社会学部准教授。専門はメディア社会学。論文に“The Emergence of Singing Voice Actors/Actresses: The Crossover Point of the Music Industry and the Animation Industry.” Toru Mitsui ed., *Made in Japan: Studies in Popular Music*, Routledge, 2014、“Cowboy Bebop: Corporate Strategies for Animation Music Products in Japan.” Rebecca Coyle ed., *Drawn to Sound: Animation Film Music and Sonicity*, Equinox, 2009 など。

輪島裕介（わじまゆうすけ）
大阪大学大学院人文学研究科芸術学専攻教授（音楽学）。専門はポピュラー音楽研究、近代音曲史。著書に『創られた「日本の心」神話——演歌をめぐる戦後大衆音楽史』（光文社新書、二〇一〇。二〇一一年サントリー学芸賞、国際ポピュラー音楽学会Book Prize 非英語部門受賞）、『踊る昭和歌謡——リズムからみる大衆音楽』（NHK出版新書、二〇一五）など。

人名索引

事項索引

クリティカル・ワード
ポピュラー音楽
〈聴く〉を広げる・更新する

2023年3月30日　初版発行

編者　永冨真梨・忠聡太・日高良祐
装幀　大倉真一郎
装画　カワイハルナ
編集　沼倉康介

発行者　上原哲郎
発行所　株式会社フィルムアート社
〒150-0022
東京都渋谷区恵比寿南1-20-6 第21荒井ビル
TEL 03-5725-2001
FAX 03-5725-2626
http://www.filmart.co.jp/

印刷・製本　シナノ印刷株式会社

Printed in Japan
ISBN978-4-8459-2131-7　C0073